NOTICE

SUR

LES RUINES ET LE COLLÈGE

DES

BERNARDINS

DE PARIS

PAR M. L'ABBÉ DANIEL

vicaire à Saint-Nicolas du Chardonnet.

PARIS

G. TÉQUI, LIBRAIRE-ÉDITEUR

85, rue de Rennes, 85.

1886

NOTICE
SUR
LES RUINES ET LE COLLÈGE
DES
BERNARDINS
DE PARIS

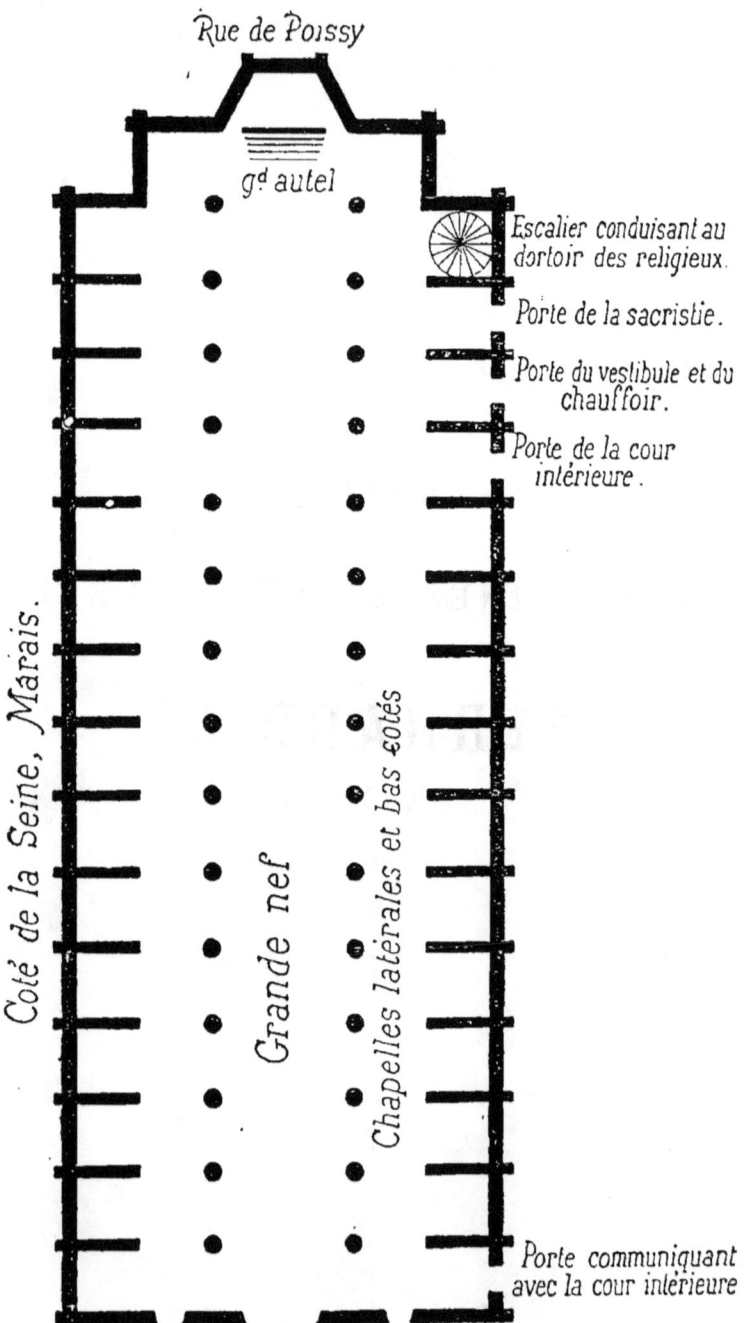

Portail de l'église des Bernardins d'après M. Lenoir et le plan de 1698 conservé aux archives. — rue de Pontoise.

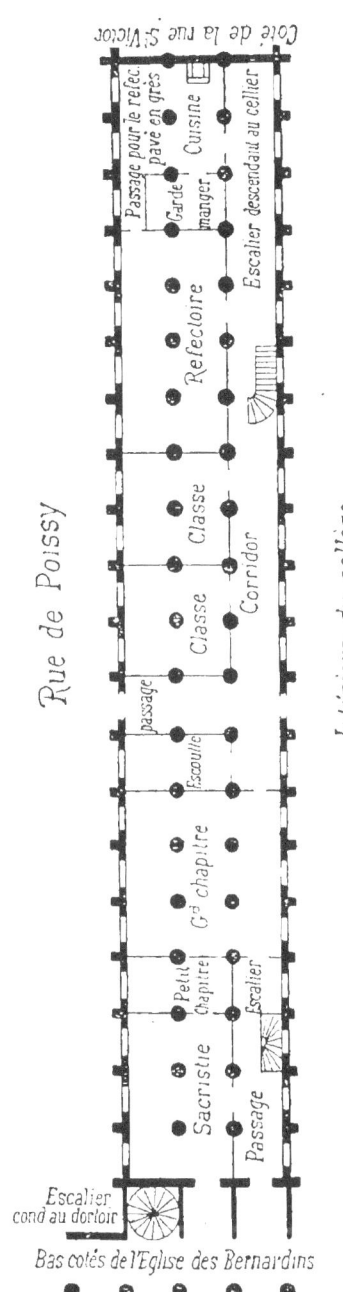

« Plan du Ier étage du collège des Bernardins, au-dessous le cellier, au-dessus, les deux étages de dortoirs, des professeurs et des étudiants.

Paris. — Imp. G. TÉQUI. 92, rue de Vaugirard, 92

NOTICE

SUR

LES RUINES ET LE COLLÈGE

DES

BERNARDINS

DE PARIS

PAR M. L'ABBÉ DANIEL

vicaire à Saint-Nicolas du Chardonnet.

PARIS

G. TÉQUI, LIBRAIRE-ÉDITEUR

85, rue de Rennes, 85.

1886

AVERTISSEMENT.

Si je m'étais simplement proposé de faire une notice sur les Bernardins, j'aurais commencé par la fondation de l'établissement, et ce chapitre au lieu d'être le troisième serait le premier; mais je dois dire, que ce qui m'a surtout déterminé à publier ces quelques pages, c'est l'apparition subite des ruines de l'église, qui a été pour moi, je l'avoue, et pour beaucoup d'autres, comme une espèce de révélation; c'est ce qui fait que j'ai commencé par la description des ruines de l'église, et de l'église elle-même, et que j'ai continué par le reste du bâtiment; ensuite j'ai placé le chapitre de la fondation du Collège. J'ajoute que j'ai presque entièrement négligé le côté historique de la maison, qui est encore en partie renfermé dans les cartons des Archives Nationales.

DANIEL.

UNE DÉCOUVERTE.

CE QUI RESTE D'UNE ANCIENNE BASILIQUE (1).

Depuis quelque temps le public s'arrête sur le boulevard St-Germain, au N° 31, en face de la fourrière, à contempler le mur en ruine, qui la sépare du chantier de bois voisin. Ce mur, depuis longues années, était caché derrière d'énormes piles de fagots qui le dérobaient à tous les regards. Le marchand de bois qui occupait cet emplacement s'étant installé ailleurs, a complè-

---

(1) Ce terme pourra paraître prétentieux appliqué à l'ancienne église des Bernardins. Cependant en comparant la disposition et les proportions des anciennes basiliques avec cette église, on admettra facilement qu'il lui convient mieux qu'à beaucoup d'édifices chrétiens auxquels on l'applique.

Le plan de toutes les basiliques païennes en effet, était rectangulaire, et leur largeur était d'ordinaire le tiers de la longueur; elles étaient divisées par deux rangées de colonnes en trois nefs, l'une centrale appelée Media porticus, les deux autres latérales. A l'extrémité de la nef

tement débarrassé le terrain, et les ruines sont apparues dans leur nudité imposante. Beaucoup qui n'en soupçonnaient pas l'existence, les considèrent comme une découverte, sans pouvoir se rendre un compte exact de la présence d'un mur de cette épaisseur, et de cette apparence en cet endroit. Les grandes ouvertures murées qu'ils voient devant eux, piquent surtout leur curiosité. On entend là les propos, les appréciations les plus saugrenues, et les plus fantastiques. Les cochers de fiacre qui viennent à la Fourrière faire numéroter leurs voitures, sont à ce sujet d'une fécondité merveilleuse. Il est pourtant facile de reconnaître la muraille d'une église, et l'emplacement des chapelles collatérales, parfaitement marquées, avec leurs murs de séparation, avec les piscines à proximité des autels, et dont on voit encore la partie supérieure lancéolée, le reste étant enfoui sous terre. Dans plusieurs même de ces anciennes chapelles, on voit encore jusqu'aux points d'appui des larges baies qui éclairaient l'église.

---

centrale, se trouvait un hémicycle appelé concha chez les Romains, et αψις chez les Grecs. C'était là qu'était le tribunal et que siégeaient ses membres. MM. Lepère et Hittorf, architectes de l'église Saint-Vincent de Paul, à Paris, s'inspirant de ces données, ont tenté d'élever une basilique à l'usage chrétien. C'est l'essai le mieux réussi que l'on connaisse. Otez la voûte ogivale de l'église des Bernardins, et vous aurez une basilique.

De la Basilique de l'abbaye de St-Victor (1), les vandales de la Révolution n'ont rien laissé debout, ici il reste un vestige imposant qui permet au moins de juger ce que devait être l'église du collège des Bernardins (2), car c'est bien en réalité ce qui en reste, c'est-à-dire le mur qui la bordait du côté méridional, autrement dit, du côté de la cour intérieure du collège.

Comme ces ruines sont destinées elles-mêmes à disparaître, dans un avenir, peut-être prochain, on parle déjà, paraît-il, d'élever des maisons de rapport sur l'emplacement du chantier déménagé, j'ai eu la pensée de réunir en ces quelques pages, les notes que j'avais recueillies antérieurement sur ces ruines, ainsi que sur le collège voisin, en recherchant péniblement les documents, qui se rapportent à l'église St-Nicolas du Chardonnet. J'avoue ne poursuivre d'autre but, que celui *d'instruire* et de *renseigner* avant tous autres, les habitants du quartier, qui daigneront me lire.

L'église des Bernardins, dont les fondements

---

(1) L'abbaye de St-Victor s'élevait presque entièrement sur les terrains occupés par les deux pâtés de maisons qui bordent la rue Guy-la-Brosse. L'enclos, traversé par la rivière de Bièvre qui y faisait tourner un moulin à farine, comprenait une portion considérable de l'entrepôt des vins actuel.

2) Elle débordait par ses deux extrémités sur les rues de Pontoise et de Poissy, dont elle occupait presque toute la largeur.

furent jetés au commencement du xiv siècle, était un monument d'architecture gothique fort remarquable, dans le genre de St-Séverin, mais beaucoup plus vaste, bien qu'il n'eût que trois nefs. Elle avait près de 95 mètres de longueur sur 30 de largeur. Les chapelles latérales avaient près de 5 mètres de largeur, sans compter l'épaisseur des murs de séparation, les petites nefs 5 mètres, et la grande nef 10 mètres.

Si cette église, dit M. Bonardot dans la revue universelle des arts 1857, eût été achevée, si de plus elle eût échappé aux pioches de 1793, Paris possèderait aujourd'hui un monument intermediaire, entre la St-Chapelle et St-Eustache.

Cette église avait donc trois nefs ; une grande nef principale au milieu, et de chaque côté une nef moyenne, se prolongeant dans toute la longueur de l'édifice, sans en faire le tour.

Le long de ses bas-côtés, on admirait 29 chapelles latérales, 15 au nord et 14 au midi; l'emplacement de la 15me, était occupé par un escalier à vis, qui permettait aux religieux de descendre du dortoir, pour les offices de la nuit, en passant par dessus la sacristie. Cet escalier dont il sera parlé dans la suite, était un chef-d'œuvre de sculpture élégante et hardie. On voit présentement, dans ce qui reste des ruines, du côté de la rue de Poissy une partie de la cage, qui le contenait.

Dans la première chapelle, du côté méridional, se trouvait une porte, surmontée d'un arc surbaissé, qui établissait une communication entre l'église et la cour intérieure du collège.

Elle est figurée dans le plan de l'église qui accompagne ce travail. Elle a été détruite pour faire place à la rue de Pontoise.

Dans la douzième chapelle du même côté, il y avait une autre porte ornée de colonnettes, et qui établissait également une communication, entre le chœur de l'église, et la cour, et les jardins intérieurs de la maison.

On la voit encore dans les ruines, mais singulièrement amoindrie et basse, vu l'exhaussement que le sol a subi.

Dans la 13me et 14me chapelle, du même côté, se trouvait dans chacune une porte; la première très grande, à ogive, aboutissait dans une pièce précédant la sacristie, espèce de grand vestibule, établissant de plain-pied une communication, avec le reste de l'édifice, c'est par cette porte monumentale, que les officiers de l'église, en habit de cérémonie pénétraient dans le sanctuaire.

L'autre, plus petite, percée dans la 14me chapelle aboutissait directement dans la sacristie, et pourrait être appelée porte de service. Le sol a été tellement exhaussé, qu'il atteint presque à la hauteur du cintre de cette porte.

Lenoir, dans sa statistique monumentale, a

oublié de parler de ces deux portes. Elles ne figurent pas dans les dessins qu'il a fait graver de ce monument.

Elles sont parfaitement apparentes dans les ruines, et les dessinateurs des 16me et 17me siècles, qui ont dressé les plans de l'établissement, n'ont pas manqué de les mentionner.

C'est également à cet exhaussement du sol, que l'on doit la disparition des élégantes piscines, de forme lancéolée, qui se trouvaient à proximité des autels, dans chacune des chapelles collatérales ; plusieurs en avaient deux, de forme différente, présentement elles sont enterrées, excepté au bord de la rue de Pontoise, où elles sont encore visibles dans leur intégrité.

Ces chapelles, ainsi que les bas-côtés, étaient éclairés par de larges baies, divisées par trois riches meneaux sculptés, surmontés de feuilles de trèfle, formant un réseau de pierre artistement fouillées (1).

La grande nef était éclairée par des baies du même genre, très larges et très élevées, qui se répétaient dans tout le pourtour de l'édifice, et y répandaient à flots une lumière claire et abondante.

---

1. On peut se faire une idée de l'élévation intérieure de ces chapelles latérales, en contemplant l'ogive qui se voit encore entièrement du côté du boulevard St-Germain, au nord du bâtiment ; toutes les baies des chapelles avaient la même élévation, puisque toutes avaient été faites sur le même plan.

L'église, telle que le plan général l'indique, plan qui a été conservé, avait les dispositions et la forme adoptée, que saint Bernard avait prescrite pour toutes les églises de l'ordre de Clairvaux, c'est-à-dire que l'abside principale et celle des collatéraux étaient de forme carrée. Elle n'avait pas de transept. Au-dessus du chœur s'élevait un élégant clocher en bois, dans le genre de celui qui surmonte le transept de Notre-Dame. Selon toute probabilité, il n'y avait point de crypte dans l'église des Bernardins. On sait que le sol en fut exhaussé de près de 5 pieds, après la grande inondation, qui eut lieu en 1709. Tout au plus, y avait-on pratiqué à diverses époques, dans les chapelles latérales, quelques caveaux, pour recevoir les sépultures particulières d'un certain nombre de personnages, qui demandèrent à y être inhumés, et dont l'histoire a conservé les noms.

Cette église, comme ses deux voisines, Saint-Victor et Saint-Nicolas, ne fut jamais complètement terminée, ce qui la fait comparer à une belle statue, qui n'est pas encore tout entière sortie du marbre. Elle manquait de portail, le chevet lui-même était inachevé, le chœur de la grande nef seul, était voûté en pierre avec les nefs collatérales correspondantes, le reste l'était

— 8 —

en bois, et vers la fin du xviii° siècle, il apparaissait troué de toute part (1).

On voit au cabinet des estampes de la Bibliothèque Nationale, des gravures qui la représentent en ce triste état, indépendamment de ce qu'en ont écrit les historiens du temps, qui en avaient été les témoins attristés. (Felibien, tome III, page 162).

Ce fut le pape Benoît XII, qui en jeta les premiers fondements, sur les ruines de la chapelle

---

(1) A l'abbaye St-Victor, il y avait une basilique splendide et vaste, avec transept, ornée de grandes rosaces, comme à N.-D., et qui présentement serait une des plus belles de Paris, si elle n'avait été sottement démolie à la Révolution. L'ég. St-Nicolas dont les dessins furent fournis par le grand peintre Charles Lebrun, qui y a son tombeau sculpté par Coysevox, ne fut jamais terminée, et attend toujours son portail, construction qui s'impose, vu le dégagement de l'édifice, et l'embellissement du quartier, car du côté de la rue St-Victor et de la rue Monge, l'aspect de l'église est toujours dans l'état piteux, qu'ont décrit les anciens auteurs, avec son passage étroit, ménagé entre deux vieilles maisons, et fermé par une grille insignifiante ; avec son vieux clocher aux pierres effritées et disjointes, surtout au pignon, et qui offre l'aspect du délabrement et de la ruine. Les étrangers nombreux qui visitent l'église s'étonnent, et à bon droit, que l'on puisse laisser en bordure d'une des plus belles rues de la capitale, un édifice ainsi inachevé.

Le gouvernement précédent ayant remis à neuf le chevet de l'église, le gouvernement actuel devrait tenir à l'honneur de compléter l'œuvre, en faisant le portail qu'on attend depuis deux siècles. Ce serait une œuvre utile, cela pourrait être une œuvre d'art, en tous les cas, ce serait un travail d'embellissement pour le quartier.

Si j'avais l'honneur d'être architecte, et de représenter au Conseil Municipal le quartier St-Victor, comme l'honorable M. Sauton, j'aurais fait déjà à ce sujet, une motion auprès de mes collègues du conseil, pour les engager à voter les fonds nécessaires pour ce travail.

qu'Etienne Lexington avait bâtie en 1250, après y avoir été autorisé par le pape Innocent IV. La première pierre fut posée le 24 mai 1338. (Dubois, Historia. Ec. Paris, tome II page 665.)

La reine Jeanne de Bourgogne, contribua généreusement à cette fondation. On raconte qu'à l'occasion de la pose de cette première pierre, jour mémorable pour Elle, et afin qu'à l'avenir, l'office qui se célébrait au chœur solennellement chaque année, fût suivi d'un meilleur repas qu'à l'ordinaire, Elle donna l'ordre au receveur de Paris, de délivrer tous les ans, à pareil jour, la somme de 100 livres, monnaie de Paris, au procureur du collège Saint-Bernard. Le roi y consentit comme il paraît, par les lettres expédiées de Vincennes à ce sujet.

C'est ainsi qu'à un siècle de distance à peu près, la pauvre chapelle bâtie par Lexington, fut transformée en une grande et belle église.

Le pape Benoît XII qui la commença, natif de Toulouse, s'appelait Jacques Fournier (1). Il fut d'abord religieux de l'ordre de Cîteaux, professeur de théologie à Paris, et abbé du monastère de Balbone, puis de celui de Froid-Fond. Ensuite il fut évêque de Pamiers, puis de Mirepoix. Créé cardinal du titre de Sainte-Prisque, il fut élu pape le 20 décembre 1334, seize jours

---

(1) Il était, dit-on, fils d'un boulanger.

après la mort de Jean XXII. Bien que parvenu au suprême pontificat, il n'oublia jamais la maison de Paris, et l'église qu'il savait inachevée. Au rapport de Germain Brice, il tenait même en réserve de grandes sommes d'argent, qu'il destinait à l'achèvement du collège de Paris, et en mourant sa volonté expresse fut qu'on terminât ce qu'il avait commencé ; mais par malheur, l'argent fut volé en route par les Anglais, qui infestaient alors la France, comme on l'apportait à Paris sous le règne de Charles VI, de sorte que tout demeura inachevé. Elle fut pourtant continuée par le cardinal Guillaume Curti, dit le Blanc, également natif de Toulouse, mais ils ne purent l'achever ni l'un ni l'autre. (GERMAIN BRICE, tome II, page 251. *Curiosités de Paris*).

De chaque côté de la porte d'entrée de cette église à l'intérieur, on lisait les deux inscriptions suivantes, gravées au-dessus des armoiries du pape Benoît XII, et de Guillaume Curti.

« Hæc sunt armá sanctissimæ memoriæ Do-
« mini Benedicti papæ duodecimi cisterciencis
« ordinis, cujus est præsens studentium colle-
« gium professoris ; qui hanc fundavit eccle-
« siam, et multis dotavit indulgentiis.

« Dominus Guillelmus, quondam cardinalis
« doctor theologiæ, Tolosanus natione cister-
« ciensis religione, ecclesiam præsentem ad

« perfectionem qualem obtinet, produxit, Biblio-
« thecam insignivit. Sexdecim scolares in theo-
« logia studentes in perpetuo fundavit.

« Hic Guillelmus cognomento albus, creatus
« fuerat præsbyter cardinalis, tituli sancti Ste-
« phani, in monte Cœlio, a Benedicto papa duodé-
« cimo, anno Domini 1337. Et anno ejusdem 1346.
« Pontificatus autem Clementis sexti quinto obiit
« Avenione. (Dubreuil. antiq. de Paris. p. 471)

Le pape Benoît XII, était un esprit remarquable, mais singulièrement modeste, comme il convenait d'ailleurs, à sa profession d'ancien religieux mendiant. Après la mort de Jean XXII, décédé à Avignon, qui était alors le siège de la papauté, il fut élu pape sous le nom de Benoît XII. Très étonné de son élection, il s'écria en s'adressant à ses frères : « qu'avez-vous fait, mes frères ? de tous les sujets, vous avez choisi le plus indigne. »

Benoît ne tarda pas à faire voir que cette appréciation de lui-même, ne lui était suggérée que par la modestie, et que s'il était digne par sa haute piété d'occuper la chaire de St-Pierre, il n'en était pas moins capable par sa science profonde, ses talents rares, et sa grande connaissance des affaires de son temps.

Il signifia, comme il est d'usage, son élection aux princes chrétiens, et à l'université de Paris dont il était membre, et où il avait reçu le titre de docteur en théologie. « Ubi operam litteris dederat in collegio Bernardito, ubi laurea doctorali in theologia donatus fuit. » (Duboulay tome III.)

Pendant tout le temps que dura son pontificat il eut pour règle de conduite ces paroles du roi-prophète « si les personnes de mon sang, ne s'arrogent pas la domination, ma vertu sera sans tache. »

Le père de tous les fidèles, disait-il, doit être comme Melchisédech, sans père, sans mère, sans généalogie. Ferme dans ces principes, jamais il ne procura dans l'Eglise, l'élévation d'aucun de ses neveux, à l'exception du seul Jean de Bauzian, très digne ecclésiastique, pour qui les cardinaux obtinrent l'Archevêché d'Arles. Mais jamais, ils ne purent engager son oncle, à le leur donner pour collègue. Quant à ses parents laïques, il ne souffrit pas qu'aucun d'entre eux s'élevât au-dessus du rang dans lequel il était né.

Il avait une nièce, qui lui était particulièrement chère, et que bien des seigneurs lui demandèrent en mariage. Il répondit à tous, que ce n'était pas un parti sortable pour eux, et il la maria au fils d'un marchand de Toulouse, avec une dot proportionnée à sa condition. Après le mariage, les deux époux vinrent à Avignon, et furent présentés au Pape, leur oncle ; il les reçut avec beaucoup de bonté, et leur dit : « Je vous reconnais pour les parents de Jacques Fournier, car pour le Pape il n'a ni parents ni alliés que les pauvres et les malheureux. Puis il leur donna sa bénédiction, les congédia, et leur fit remettre précisément de quoi payer les frais de leur voyage. » *Essais historiques sur Paris*, (tome 5, page 137).

Un si grand détachement de la chair, et du sang, donne la plus haute idée du caractère de Benoît XII. L'Eglise était tout pour lui. Se voyant contraint de demeurer à Avignon, il fit commencer un immense palais, pour abriter la papauté. Il ne put le terminer. Ce palais fortifié comme une citadelle, et bien qu'inachevé, n'en était pas moins magnifique pour le temps.

Très zélé pour la discipline, qu'il rétablit vigoureusement, dans toutes les maisons de son ordre, sans négliger les ordres étrangers, il veillait aussi, à la pureté de la foi qui en est la base et le soutien.

Le pape Jean XXII, son prédécesseur, dans un sermon prêché le jour de la Toussaint, avait donné à entendre, que les saints dans le ciel, ne jouiraient de la vision béatifique, qu'au jour du jugement dernier. Ce n'était dans son esprit qu'une opinion personnelle, qu'il se garda toujours d'affirmer, de décider et de proposer juridiquement aux fidèles pour leur servir de règle de créance, « ce n'était dans son esprit qu'un dou-

« te et un soupçon dont il parlait, en rapportant
« simplement les raisons, qui pouvaient servir
« à l'appuyer (1). » Cette doctrine contraire à
l'opinion commune, excita de vives rumeurs.

Benoît, pour mettre un frein à la passion
de subtiliser à ce sujet, résolut de décider la
question d'une manière dogmatique et irréformable. Il se retira au château Pontifical du
Pont-de-Sorgue près Avignon, avec plusieurs
cardinaux, et les plus habiles docteurs; et là
pendant quatre mois, on examina mûrement ce
point de doctrine, d'après les passages de l'Écriture et des Pères qui y avaient rapport. Après
cette étude approfondie, il publia sur ce sujet la
Bulle. Benedictus Deus, qui décide la question
1336.

« Il y définit que suivant la commune disposi-
« tion de Dieu, les âmes de tous les saints sorties
« de ce monde, tant avant qu'après J.-C. sans
« qu'il leur restât rien à expier; celles qui ont
« été purifiées après leur mort, et même celles
« des enfants baptisés, morts avant l'usage de la
« raison, que toutes ces âmes avant le juge-
« ment général, et leur réunion avec leur corps,
« sont dans le ciel avec le Seigneur, et les anges,
« où elles jouissent immédiatement de la vi-
« sion intuitive de l'essence Divine, qui leur

---

(1) Hist. de l'Egl. Gall. 1. 38.

« confère la vie, et la béatitude éternelle ; que de
« même, les âmes de ceux, qui meurent en péché
« mortel, et actuel, descendent aussitôt après
« en enfer, pour y être dès lors, et à jamais
« tourmentées ; que toutefois, au jour du juge-
« ment dernier, tous les hommes comparaîtront
« devant le tribunal de J.-C. en corps et en
« âme, pour y rendre compte de leurs œuvres,
« et recevoir dans leur corps, la récompense, ou
« la punition qu'ils méritent. Bullar, tome premier. Benedict. XII, Const. 4.

Benoît, après s'être occupé des affaires de l'E-
glise universelle, donna des règlements, pour
les collèges de son ordre, et en particulier
pour son collège favori, celui des Bernardins de
Paris, il en sera parlé ci-après.

TOMBEAUX

Cette église des Bernardins contenait un
certain nombre de tombeaux remarquables ; entre autres celui de Guillaume du Vair, né à Paris, évêque de Lisieux, et garde des sceaux de
France, qui fut inhumé dans cette église en
1621 Il avait été maître des requêtes, et premier

président du Parlement de Provence. Etant à la suite du roi pendant le siège de Clairac, il tomba malade et mourut à Tonneins, à l'âge de 63 ans.

On mit sur son tombeau, l'épitaphe qu'il s'était faite lui-même, et qui est ainsi conçue :

« Guillelmus Duvair
Episcopus Lexoviensis,
Franciæ procancellarius,
Hic expecto resurrectionem,
Natus 7 martii, 1557. »

Guillaume Duvair, fit aux Bernardins, par testament un legs de 1800 livres pour payer sa sépulture dans l'église, et aussi pour augmenter les revenus du collège, qui ne s'élevaient alors qu'à 4500 liv. (Brief estat. etc. *Bibliothèque Mazarine* n° 18418.

Elle contenait encore les sépultures de Tristan Bizet, évêque de Saintes ;

De Gaston et Charles Desgrieux, conseillers au Parlement ;

D'Albéric le Riche archidiacre d'Arras, médecin du duc d'Orléans, mort en, 1405 ;

D'Antoine de Castillan, abbé de Fondmont, mort en 1529 ;

De Raymond de Mornac. Bénédictin, 1300 ;

De Gabriel de St-Belin, abbé de Mormond, 1590

De Guillaume de Brugère, notaire et secrétaire du roi, garde des joyaux du dit seigneur, 1418 ;

De Françoise Dupuy, 1559 ;

De Jacques Dufour, abbé de La-Case-Dieu, maitre des requêtes et conseiller d'État, 1571 ;

De Jacques de Therouenne prafectus ambianorum, 1581 ;

Et de Jeanne de Villeberne, dame de Sèvres en 13...

S'il est vrai, comme on l'affirme, que le pavé de l'Eglise soit encore intact, dans la portion de l'emplacement que n'a point emprunté le boulevard Saint-Germain, il est probable qu'il y a de précieuses inscriptions funéraires enfouies sous l'exhaussement du sol.

Appréciations des vieux écrivains.

« Sauval qui a pu voir cette église de près,
« dit qu'elle passe pour un excellent morceau
« d'architecture gothique, de la plus belle, de la
« plus délicate, et de la plus grande manière
« que nous ayons à Paris. Et si, ajoute-t-il, la
« largeur des nefs était proportionnée à leur
« hauteur, ce serait un gothique incomparable.
« C'est un bâtiment tout en l'air.

« Il est haut et étroit, mais c'est la manière
« de tous les gothiques qui nous restent. Les
« architectes de ces temps là s'étudiaient à faire
« des élévations hardies, et le trop en cela était
« ce qu'ils cherchaient, de sorte qu'ils exécu-
« taient avec la pierre, ce que les menuisiers

« les plus téméraires, n'oseraient entreprendre
« avec le bois.

« Le chœur était d'une façon fort dévote, et
« si particulière, que je n'en ai jamais vu de pa-
« reil, ni à Paris ni ailleurs.

« Les vitrailles gothiques des amortissements
« des croisées, sont fort belles ; mais particuliè-
« rement celles de la chapelle de la Vierge sont
« assez plaisantes à l'œil, et de plus extrava-
« gantes, comme étant faites en échiquier, et
« s'entresoutenant plaisamment. (SAUVAL, *anti-
« quités de Paris*, TOME I" page 436 (1).

Germain Brice apprécie à son tour, de la manière suivante l'église de Saint-Bernard.

« Cet édifice, dit-il, doit être considéré comme
« un chef-d'œuvre d'architecture gothique. Les
« voûtes sont très élevées, et parfaitement bien
« prises, dans leur légèreté. Les chapelles qui
« règnent de chaque côté, sont claires, et ont de
« la proportion, avec le reste de l'ouvrage, et il
« se verrait peu de choses comparables à ce bel
« édifice, s'il avait été achevé dans l'intention
« où se trouvent ces grands commencements.

---

(1) On sait que c'était une règle chez les Cisterciens de n'avoir pour vitraux que du verre blanc, ce qui convenait au style roman. Ce ne fut que plus tard, avec le style ogival que s'introduisirent les vitraux de verre peint, mais les Cisterciens luttèrent longtemps contre ces nouveautés, qui ne convenaient pas à leur esprit de pauvreté, de sorte que, quoiqu'en pense Sauval, les *Vitrailles* des Bernardins de Paris, n'avaient rien que de fort modeste.

« Mais il n'y en a qu'une partie de faite. La
« mort ayant prévenu le pape Benoît XII, et
« l'ayant empêché d'achever son œuvre.(TOME II,
« page 251).

L'ESCALIER A VIS DOUBLE

« Il y a, dit d'Argenville, en son voyage pit-
« toresque, (page 267), près de la sacristie, un
« petit escalier, disposé de manière, que deux
« personnes y montent, et en descendent sans
« se voir, c'est une vis tournante double, et à
« colonne, ou l'on entre par deux portes, l'une
« du côté de l'église, et l'autre du côté de la sa-
« cristie. Sauval, ajoute : c'est un travail si mer-
« veilleux que les paroles me manquent pour le
» décrire dignement. On voit, dit-il, près de la sa-
« cristie, une vis tournante double à colonne, où
« l'on entre par deux portes, et où l'on monte
« par deux endroits, sans que de l'un on puis-
« se être vu dans l'autre. Cette vis à dix pieds
« de profondeur, et chaque marche porte de
« hauteur, 8 à 9 pouces.

« Les marches sont délardées, et ne sont point
« revêtues d'autres pierres. C'est le degré de la
« manière la plus simple, et la plus rare de Pa-
« ris. Toutes les marches sont par dessous délar-
« dées. Sa beauté et sa simplcité consiste dans

« les girons, de l'un et de l'autre, portant un
« pied, ou environ qui soit entrelacé, enclavé
« emboîté, enchaîné, enchâssé, entretaillé, l'un
« dans l'autre, et s'entremordent d'une façon
« aussi curieuse que gentille. Les marches de
« l'autre bout, sont appuyées sur la muraille de
« la tour qui l'environne.

« Ces deux escaliers sont égaux l'un à l'autre,
« en toutes leurs parties. La façon du noyau est
« égale du haut en bas, et les marches pareilles
« en largeur, longueur, et hauteur. (SAUVAL, *Ibid*).

« Comme cet escalier est double, il a deux
« entrées, l'une par l'intérieur de l'église, et l'au-
« tre par la sacristie qui est très grande (1). Pi-
« ganiol de la Force, *histoire de Paris*, tome III,
« page 334.

Ces deux escaliers en un seul furent commencés de même que l'église par Benoît XII, et con-
tinués par le cardinal Guillaume Curti, son
compatriote et son ami.

« Ces degrés, continue toujours Sauval, n'ont
« que deux croisées, l'une qui les éclaire tous les
« deux par en haut, et l'autre par en bas.

« Le plus court de ces escaliers, fut fait pour
« conduire aux voûtes des nefs basses de l'église,

---

(1) Pour pénétrer dans cet escalier, aussi bien du côté de l'église que du côté de la sacristie, il fallait descendre plusieurs marches, vu que le sol avait été exhaussé après l'inondation de 1709 dont il a été parlé.
HURTAUX, *dictionnaire de Paris* tome I, p. 588.

« et aux dortoirs des religieux. Il a 57 marches
« de haut. L'autre est imparfait, et devait con-
« duire sur les voûtes hautes.

« Il y a des écrans dans le mur hors d'œuvre,
« qui supportent les marches, car les marches
« ne sont point posées dans les murs, de crainte
« que le mur venant à se démonter, ne les rom-
« pît, cassât, et les entraînât avec lui ; si bien
« que par ce moyen là le mur manquant, ces
« écrans demeureraient suspendus sur le noyau.
« La façon véritablement est assez gothique, et
« peu agréable, et même quand il se trouverait
« moins de moulures, le degré n'en serait que
« mieux, et aurait une grâce qu'il n'a pas. (Sau-
« val, tome i, page 436).

On sait qu'à l'époque de Sauval, les artistes et les écrivains de tout genre, furent saisis d'un dégoût stupide, pour tout ce qui se rapportait à l'art gothique, cette folie coûta la vie à une multitude de chefs-d'œuvre, qui à cette époque furent défigurés ou détruits. Le collège des Bernardins en particulier, n'échappa point à cette rage ; on verra que construit du haut en bas, dans le style gothique, il fut refait vers 1700, dans le style que nous lui voyons aujourd'hui, ce qui pour lui a été une condamnation à mort ; tandis que si on l'avait conservé dans sa forme ogivale, il serait aujourd'hui un des monuments les plus curieux de la capitale, et au moins l'égal de l'hôtel de Cluny.

L'escalier, dont je viens de parler, est détruit puisqu'il ne reste plus dans les ruines qu'une portion de la tour qui le contenait (1), ainsi que les pierres en saillie sur lesquelles les marches étaient appuyées. Présentement, dit Piganiol de la Force, tome V, on ne voit plus en France, qu'un seul spécimen d'escalier du même genre, mais beaucoup plus beau, il se trouve au Château de Chambord.

Il est supérieur à celui des Bernardins, par la légèreté et la hardiesse, en ce que les marches tiennent par le collet, à un mur circulaire percé d'arcades, et qui laisse un jour dans le milieu.

A propos des diverses revendications formulées par la presse au sujet du château de Chambord, à l'occasion du testament du duc de Bordeaux, attribuant ce palais à un prince étranger ; voici ce qu'un journal du matin, disait le 26 avril 1886, concernant cet escalier :

« On cite comme la merveille des merveilles, le
« fameux escalier à double vis, dont les deux
« rampes superposées, se déroulent en hélice, et
« passent alternativement l'une sur l'autre sans

---

(1) Cette tour émergeant au-dessus de l'édifice, prenait extérieurement la forme carrée et s'élevait jusqu'au niveau du grand comble de l'église. Elle se voit dans les anciens plans de Paris, *Musée Carnavalet*, et dans plusieurs estampes, id.

« se réunir. Si bien que deux personnes, peuvent
« monter et descendre en même temps, sans se
« rencontrer ni se voir. »

On en peut voir un autre à Paris récemment construit dans le même genre au passage Radzivil (De Gaule, *nouvelle histoire de Paris*, TOME II, page 240.)

On pénétrait du dehors dans l'église, par un passage venant de la rue des Bernardins, et qui aboutissait à l'entrée du Collège, et au portail de l'église, dont l'accès était permis au public. On avait réservé dans le bas de la nef de l'église, un espace destiné aux gens du monde, qui désiraient assister à l'office canonial. Il était séparé du reste de l'église par une grille.

ŒUVRES D'ART.

Il est incontestable qu'il y avait dans l'église des Bernardins, des œuvres d'art qui ont disparu. La disposition des chapelles avec leurs séparations cloisonnées, ne laissent aucun doute à cet égard.

Les autels étaient disposés de façon à recevoir au-dessus du rétable, un tableau de grande dimension, et il n'est pas probable que ces emplacements soient restés vides.

Sur la face opposée à l'autel il y avait également un espace qui n'a pas dû rester vide, de sorte qu'il devait y avoir dans cette église une soixantaine de tableaux. Quelques-uns sont à Saint-Nicolas, on le sait; entre autres le tableau représentant saint Bernard entouré de religieux et disant la messe, ce tableau, disent les historiens du siècle dernier, ornait le grand autel de l'église du collège, aujourd'hui il est suspendu sur la face opposée à l'autel de saint Bernard, dans la chapelle de ce nom, à Saint-Nicolas-du-Chardonnet. La circonstance à laquelle ce tableau fait allusion est celle-ci : Le concile d'Etampes, 1130, s'en étant rapporté à la décision de saint Bernard, pour mettre fin au schisme occasionné dans l'Eglise, par la compétition au Saint-Siège, entre Anaclet et Innocent II. L'abbé de Clairvaux, avant de se déclarer, voulut célébrer la messe. Ayant terminé le saint sacrifice, il déclara qu'Innocent II était le seul et véritable pape. (CLÉMENT DE RIS.)

D'autres croient que le sujet de cette toile est la conversion de Guillaume, duc d'Aquitaine. (*Inv. des œuvres d'art appartenant* à la ville de Paris, tome II, p. 152).

M. de Chennevières en attribue la paternité à Sacquespée, d'après certains annalistes Normands. « Je reconnais, dit-il, le peintre de Caudebec (Sacquespée était de Caudebec) dans le saint Bruno disant la messe au milieu de ses religieux, qui décore une chapelle de Saint-Nicolas-du-Chardonnet. *Recherches sur quelques peintres provinciaux*. Paris 1847. La plupart des autres toiles ont disparu.

Lenoir ne parle que d'un seul morceau de sculpture, dont il donne un fac-simile, dans son grand ouvrage, sur les monuments de Paris, intitulé : *Statistique monumentale*, sculpture qui remonte au temps d'Etienne Lexington. Ce fragment de pierre tombale, contient une inscription gothique, et n'a qu'une valeur médiocre. En voici la description : Il représentait un prêtre, tenant un calice, une fleur de lis était gravée auprès de lui entre deux rosaces. On y lisait ces mots : « Anglus natione fuit vir hic... » Cette dalle, antérieure à toutes les dernières constructions de l'établissement, remontait assurément à Etienne Lexington, premier fondateur des Bernardins, et pendant de longues années, dit de Guilhermy en son ouvrage sur les inscriptions de la France, on l'a vu au seuil d'une porte moderne de l'enclos. Elle a disparu.

On peut voir au musée de Cluny, sous le N° 340, une dalle funéraire en pierre, provenant de l'église des Bernardins. Elle porte la date de l'année 1333, et a en hauteur 2^m, 15, et en largeur 0^m, 94. Elle est signalée dans le grand ouvrage de M. de Guilhermy sur les inscriptions de la

France, tome 1er, page 591. Elle se trouve dans le jardin, adossée au pilier de l'ancien portail de l'abbaye des Bénédictins d'Argenteuil, et ainsi exposée aux dégradations de l'air et des passants; il est vrai qu'elle est recouverte d'une trop étroite feuille de zing, qui n'en laisse que mieux couler l'eau à sa surface. Elle a été brisée en trois morceaux, rajustés depuis au ciment; en voici la description :

Pierre tombale plate, sculptée dans le style ogival, et entourée d'une inscription, en caractère gothique, dont voici le texte latin :

« Hic jacet nonnus Johannes Maleti, monacus monasterii Populeti, lector in theologia, qui obiit anno Domini MCCCXXXIII, in vigilia beati Mathei apostoli et evangelistæ, orate pro eo, ut requiescat in pace. Amen. »

Cette tombe de Jean de Malet, moine de l'abbaye de Poplet en Catalogne, à 7 kilom. de Tarragone, où les anciens rois d'Aragon avaient leurs tombeaux, fut retrouvée sur l'emplacement de l'église, lors de l'établissement du boulevard Saint-Germain. Ce religieux avait sans doute quitté son monastère Espagnol, pour venir compléter à l'université de Paris, ses études théologiques; la mort l'aura interrompu au milieu de ses travaux. Il est représenté sur sa tombe la tête rasée en couronne, les mains jointes, et le corps revêtu du costume monacal, les traits du visage dénotent un jeune homme.

La décoration architecturale se distingue par sa finesse et son élégance ; le religieux appuyé sur le dos, occupe un emplacement circonscrit par un arc ogival ; de chaque côté, deux piliers recouverts de colonnettes, supportent un entablement, où sont réunis dans le cadre le plus restreint, tous les détails de l'ornementation ogivale, chapiteaux, pinacles, clochetons, gargouilles, contre-forts, etc.

Au centre de cet entablement, on distingue le Père Éternel, figuré par Abraham recevant dans son sein l'âme du défunt, deux anges présents portent des cierges allumés, deux autres encensent le Père Éternel, en élevant très haut au-dessus de leur tête l'encensoir qu'ils tiennent dans leurs mains ; particularité liturgique qui a bien son importance.

Il est hors de doute que d'autres religieux avaient eu le même sort que Jean de Malet, et que leurs tombes sont encore enfouies sous le sol.

D'après Ducange, le mot *Nonnus* de l'épitaphe équivaut à *Domnus*, *Dom*. Ce terme était usité chez les Cisterciens, il correspond au féminin *nonna*, *nonne*.

Lector in théologia d'après le même Decange, signifie professeur de théologie.

Vigilia beati Mathei, correspond au 20 sept.

On est en droit de se demander, ce que sont devenues les autres sculptures renfermées dans cette église; nous avons les noms d'un assez grand nombre de personnages inhumés dans ce lieu, la plupart d'entre eux avaient un tombeau, avec des inscriptions, ce n'est pas douteux ; de ces tombeaux, il ne reste rien ; de ces inscriptions, il n'en reste que deux, la précédente, et celle qui se trouvait sur le tombeau de Guillaume du Vair, chancelier, évêque de Lisieux.

BOISERIES

A l'époque de la fermeture de l'abbaye de Port-Royal des champs, asile des Jansénistes militants, le mobilier fut vendu à l'encan ; or on acheta pour les Bernardins le grand autel, les stalles, et les boiseries du chœur, qui furent placées dans l'église. Ces ouvrages de menuiserie, travaillés avec un art et une délicatesse infinie, étaient de l'époque du roi Henri II. Felibien (TOME 1ᵉʳ page 318). Tous ces chefs-d'œuvre de sculpture sur bois ont disparu.

Voici ce que dit Germain Brice à ce sujet :

« Le grand autel de l'église des Bernardins,
« était de fort vilaine forme, il a été remplacé
« par celui qui servait à l'abbaye de Port-Royal,
« et fait un excellent effet.

« Les formes ou chaires des religieux apportées
« du même lieu, sont d'une menuiserie travaillée
« fort curieusement. Les grotesques, ou sculp-
« tures dans les panneaux, sont d'une invention
« très ingénieuse, et d'un fini parfait. Ce qui mar-
« que qu'il y avait autrefois de fort habiles ou-
« vriers. Elles ont été faites par les ordres du
« roi Henri II en l'année 1556, qui y est mar-
« quée comme on peut encore juger, par les armes
« et la devise de ce prince, qui s'y trouvent répé-
« tées en différents endroits. On y remarque aussi
« les armes de quelques abbesses illustres, par
« leur piété et leur naissance, qui ont autrefois
« gouverné l'ancienne maison d'où elles viennent,
« laquelle avait été fondée par saint Louis. Elle
« a été entièrement détruite en 1710.

SACRISTIE

Une vaste sacristie, s'élevait entre l'église et
le bâtiment principal. Elle était divisée en trois
travées, éclairées par de grandes fenêtres à
ogive, fermées par des meneaux. Elle est remarquable à l'extérieur du côté de la rue de Poissy,
par trois larges arcades de front à cintre surbaissé, sorte de portique qui sert d'appui à une
terrasse, et de base à un bâtiment qui se trouve
au dessus, et d'apparence moderne. J'ai dit ail-

leurs, qu'il avait été construit au commencement du 18ᵉ siècle, lors de la restauration des deux étages supérieurs du collège proprement dit.

L'auteur, auquel j'emprunte ces détails, semble croire que les architectes, par cette disposition, ont voulu rappeler aux fondateurs, Benoît XII et Guillaume Curti, l'Italie, qu'il appelle leur pays. On croirait volontiers, qu'il ne se doute pas, qu'à cette époque la papauté siégeait à Avignon, et que Benoît XII et Guillaume étaient originaires de Toulouse.

Au fond de chaque arcade, qui ressemble à une vaste niche isolée, se dessine en relief sur la muraille, les lignes d'un arc ogival.

Il est hors de doute qu'autrefois, ces arcs étaient à claire-voie, décorés de sveltes réseaux de pierre et de vitraux, pour éclairer la sacristie. Plus tard on leur a substitué un mur plein, percé seulement de petites ouvertures carrées, dans les tympans aveuglés de la grande ogive. Le grand arc du milieu était le plus orné des trois, les ogives de subdivision avaient leurs pointes en accolade, et leurs contours étaient dentelés de délicats trilobes ; ces derniers détails n'existent plus. On a percé dans les tympans des arcs, de grandes fenêtres à six vitres, qui éclairent l'appartement du chef des Pompiers.

La voûte de cette sacristie, dit Piganiol de la

Force, était très élevée, et soutenue par de fort beaux piliers gothiques. (Pig. TOME 5.)

Elle a été divisée en deux étages.

Les chambres supérieures ont de curieux plafonds, tout ondulés de voûtes à nervures entrelacées, et si solides qu'on se croirait au donjon de Vincennes. La clef des voûtes est ornée de sculptures délicates et ingénieuses, représentant des palmes et des feuilles de chêne entrelacées; les autres représentent les armes du collège ou des fondateurs. A la naissance des voûtes, on remarque d'élégantes consoles représentant divers sujets religieux et symboliques. Cette sacristie comprenait trois travées (1), d'à peu près égale dimension, que celle du reste de l'édifice. On y communiquait du côté de l'église et du côté du vestibule. Elle était recouverte d'un toit aigu, sous lequel se trouvait le passage des religieux avant qu'on ait élevé les appartements qu'on y voit actuellement. C'est au dessus de cette toiture que se dressait le pignon du collège proprement dit au nord, correspondant à celui dont on voi encore les restes déformés au midi.

On conservait précieusement en cette sacristie, dans un magnifique reliquaire, le crâne de

---

(1) Entre ces trois travées et celles du réfectoire, se se trouve un espace d'une demi-travée à peu près, qui se prononce en saillie sur la façade, du côté de la rue de Poissy, et que le dessinateur a oublié de faire figurer dans le plan.

Saint Jean Chrysostome, que l'on prétendait avoir été donné au Collège, par le pape Alexandre IV en 1261. (L'ABBÉ LE BEUF, TOME III, page 583, *histoire de Paris*).

LE COUVENT PROPREMENT DIT

Après avoir parlé de l'église et de la sacristie, il convient de donner quelques détails sur le monastère ou collège proprement dit, qui est encore debout presqu'intégralement, car tous les autres bâtiments n'étaient que secondaires; adossés en partie au mur qui entourait la maison, et l'enclos du côté de la rue Saint-Victor et des Bernardins, ils formaient comme un ensemble irrégulier de bâtiments quasi rectangulaire. Un passage au midi, à l'extrémité du grand bâtiment, permettait de pénétrer dans les jardins extérieurs avoisinant l'enclos du collège du Cardinal-Lemoine. Ce passage était planté d'arbres, il reste encore debout un spécimen des plantations d'alors, c'est un énorme peuplier, qui domine par son élévation, toutes les contructions d'alentour, et qui, avec l'orme de la cour des Sourds-Muets, rue Saint-Jacques, est un des plus élevés de la Capitale, et même de la France.

Du côté de la rue des Bernardins, on pénétrait dans la cour intérieure ou cloître proprement dit, par un passage ouvrant au fond de l'impasse de ce nom, à proximité du portail inachevé de l'église, élevé, comme je l'ai dit ailleurs, sur la portion du boulevard St-Germain, qui sépare actuellement la rue de Pontoise en deux sections.

Du côté du quai de la Tournelle, on pénétrait encore dans la censive de St-Bernard, par un passage, situé à peu de distance des Miramionnes, ou filles de Ste-Géneviève établies sur le quai, dans les bâtiments servant actuellement de pharmacie centrale des hôpitaux, et auprès de l'hôtel du sieur de la Proutière. C'est par ce passage que les employés de la ville, au 17e et 18e siècle accédaient à un immense hangard, servant à remiser le matériel des fêtes publiques, et qui fut bâti dans un terrain, appelé le Marais, entre l'église et le quai, à l'endroit où plus tard, vers la fin du 18º siècle fut élevé le Marché-aux-Veaux, par M. de Sartine.

On voit par ce qui précède, que la seigneurie des Bernardins était circonscrite au nord, par le quai de la Tournelle; à l'ouest par la rue des Bernardins; au midi par la rue St-Victor, et anciennement par le cours de la rivière de Bièvre, qui traversait le quartier, depuis que les religieux de St-Victor l'avaient détournée en 1149, pour la faire passer dans leur enclos; au midi par le collège du Cardinal-Lemoine, qui avait sa façade sur la rue St-Victor au près du collège des Bons-Enfants.

CLOTURE DU COLLÈGE

On n'a généralement pas l'idée de l'importance de la clôture, que le pape Benoît XII avait fait élever autour de son collège, il faudrait pour cela avoir vu ce qui reste à Avignon, du palais qu'il y avait fait construire, et qui ressemble à une véritable forteresse.

Il semble, dit Germain Brice, que ce Saint-Père eût plutôt envie d'enclore une citadelle qu'un collège de religieux. Les murs de clôture qui étaient en pierre de taille, avaient plus de 4 pieds d'épaisseur, et six fois autant d'élévation (1). Ils étaient crénelés de place en place, et surmontés de parapets, comme on en voit encore sur les tours des anciens châteaux-forts.

Considéré des bords de la Seine, l'aspect des Bernardins, était celui d'une place de guerre.

---

(1) Entre le gymnase des Pompiers et les habitations de la rue St-Victor, il en reste debout un fragment considérable, qui a plus de 6 mètres de hauteur; le sol ayant été exhaussé de 2 mètres au moins, on en conclut que ce mur avait plus de 25 pieds d'élévation. Quant à son épaisseur, il mesure 0 m. 95 à son sommet, au dessous de la corniche; à fleur de terre, il n'a pas moins de 1 m. 30. Avec les fondations qui devaient être fort profondes, vu l'état du sol marécageux, ce mur de clôture ne comprenait pas moins de 40 pieds de maçonnerie en pierre de taille.

On peut voir, pour s'en convaincre, diverses estampes conservées à la Bibliothèque Nationale, dans la collection intitulée topographie de la France.

Ainsi donc, tout le carré de terrain faisant partie du Chardonnet (1), et circonscrit, comme il a été dit ci-dessus, appartenait entièrement aux Bernardins, à l'exception de l'emplacement de l'hôtel de Bar, plus tard de Nesmond, qui de très vieille date faisait partie du fief de l'abbaye de Tyron, et de l'emplacement de l'église Saint-Nicolas, qui avait été cédé en 1230, et 1243 par les religieux de St-Victor, à Guillaume d'Auvergne, évêque de Paris, pour y construire la première église paroissiale du quartier. Dans la suite les communautés qui s'y établirent, comme les prêtres de Saint-Nicolas, fondateurs du petit séminaire de ce nom, les religieuses de Ste-Geneviève fondées par madame de Miramion (2),

---

(1) C'était un clos ou fief, ainsi appelé, parce que les chardons y croissaient en abondance. Un grand nombre d'anciens auteurs ont dit Chardonnet et Chardonneret. Dans une foule de pièces manuscrites antérieures au xviiie siècle, et que l'on peut voir aux archives, on trouve presqu'uniformément Chardonneret. Cependant l'usage a prévalu de dire Chardonnet.

(2) Madame de Miramion, fille du financier Bonneau resta veuve à 16 ans du sieur de Miramion, conseiller au parlement. Madame de Sévigné l'appelait une vraie mère de l'Église à cause de ses vertus. Dans sa maison, quai de la Tournelle, on instruisait 300 enfants gratuitement, des cours d'adultes, libres et gratuits s'y tenaient le soir, chaque jour on visitait plus de 100 malades du quartier, et on leur distribuait gratis des bouillons et des médicaments. Vie de madame de Miramion, par l'abbé de Choisy.

achetèrent en partie leur emplacement aux Bernardins.

Les particuliers, qui bâtirent des hôtels le long du quai de la Tournelle, depuis l'hôtel de Tonnerre, jusqu'à l'hôtel de Nesmond exclusivement, traitèrent avec les Bernardins, pour l'achat du terrain, en bordure sur le quai. Il en fut de même de ceux qui s'établirent rue des Bernardins, jusqu'à l'impasse de ce nom. Leur enclos, contenait près de 2.500 toises carrées.

Ainsi au 17e siècle, on voyait sur le quai de la Tournelle, presque en face le pont de ce nom, les propriétés d'un sieur Lepeltier de Vitry, joignant l'hôtel de Tonnerre (1); l'hôtel d'un sieur Dupré de St-Maur, conseiller au Parlement; la propriété du marquis d'Armentière; l'héritage de la famille Laurent, légué aux Dames de la congrégation du faubourg Saint-Marceau.

Venaient ensuite plusieurs parts de terrain qui n'avaient point encore été concédées; ils précédaient le passage, qui conduisait au hangar de la ville, dont j'ai parlé. C'est sur une portion de ces terrains que fut bâti au 18e siècle, l'hôtel qui porte sur le linteau de l'entrée principale la désignation suivante: *Hôtel ci-devant du président Rolland*. Cette maison était habitée au siècle

---

(1) L'hôtel de Tonnerre, quai de la Tournelle, c'est le n° 27 actuel. Sous l'empire, M. de Saint-Arnaud, sénateur, frère du maréchal de ce nom, l'habitait.

dernier par Rolland d'Erceville (Barthélemy Gabriel) président au Parlement de Paris, né en cette ville d'une famille de magistrats en 1734, mort en 1794 ; et non par le Girondin Rolland de la Plâtrière, devenu ministre de l'intérieur en 1792, le 13 août, l'an IV de la liberté! (archiv. nat.) comme beaucoup le croient à tort. Adversaire passionné des jésuites, le président Rolland (1), fut chargé après leur expulsion d'administrer quelques-uns de leurs collèges ; pour récompense il fut dénoncé en 1790, et périt sur l'échafaud.

(Desobry. dict.)

M. de la Proutière avait son hôtel avant le sieur Martin, chancelier de France, le même qui posa la première pierre de l'église actuelle de St-Nicolas du Chardonnet. Dans la suite Mme de Miramion, l'acheta pour s'installer avec sa communauté. C'est présentement la pharmacie centrale.

---

(1) Le président Rolland était janséniste, il composa un plan d'étude imprégné de cet esprit. Il fut disgracié en 1771, avec les membres du bureau d'administration du temporel des jésuites, composé de laïcs et d'ecclésiastiques de marque. Ses dernières années furent malheureuses, le délire de la persécution le saisit, il voyait des jésuites partout. Ses parents eux-mêmes ne lui épargnèrent point les déboires, et en particulier son oncle, Roullé des Folletières, qui ne le crut pas digne de recevoir le dépôt de la boîte à Perrette, trésor commun du parti janséniste, dont il était dépositaire. A sa mort, il le légua par testament à d'autres personnes zélées pour la même cause. Rolland attaqua le testament devant les tribunaux, mais il perdit son procès. La révolution ne l'épargna pas davantage. Lefeuve, les vieilles maisons de Paris.

Ayant dit un mot de tous les hôtels qui entouraient les Bernardins, je ne crois pas devoir passer sous silence, l'hôtel de Nesmond, dont le nom a été cité plusieurs fois dans ce travail, bien que l'emplacement ne fît point partie du domaine des Bernardins. Voici ce que j'ai recueilli sur cette maison, une des plus anciennes du quartier.

HOTEL DE NESMOND.

L'emplacement de l'hôtel Nesmond, était au xiie siècle trois quartiers de terre, sur le quai de la Tournelle (1), qui appartinrent d'abord à l'abbaye de St-Victor comme tous les terrains d'alentour. L'abbé de Tyron l'acquit en 1239, moyennant une rente de 9 deniers à faire à Saint-Victor.

En l'année 1256, Renaud de Corbeil, évêque de Paris, s'en déclara propriétaire, prétendant que Guillaume III d'Auvergne (2), son prédécesseur, l'avait acquis légitimement d'un sieur, Roger, dit Navet, demeurant à Paris, et il le céda à Henri le Flamand, résidant au clos de

---

(1) La Tournelle était une espèce de Bastille, bâtie auprès de la Seine, à l'extrémité actuelle de la rue des Fossés St-Bernard, et faisant suite aux murailles de Philippe-Auguste.
(2) Guillaume d'Auvergne fut un des hommes les plus considérables de son temps, par sa piété et sa science.

Garlande(1), à condition qu'il paierait, à lui et à ses successeurs sur le siège de Paris, quatre livres dix sols de cens annuel, et que dans l'espace d'un an, il dépenserait cent livres pour bâtir le dit terrain, ce qui fut exécuté. En l'année 1230, Henri le Flamand avait élevé une maison en pierre de taille, « magnam domum lapideam ibidem extruxit. » L'abbé de Tyron (2) réclama, prétendant que les droits de son monastère étaient lésés, c'est alors qu'eut lieu une transaction, « mediantibus bonis viris, » qui accorda satisfaction aux deux parties. L'évêque reconnut que le terrain était chargé de 9 deniers de cens, et de 4 livres 10 sols de rente envers lui. (Jaillot, tome 4, p. 138.)

L'hôtel passa ensuite aux comtes d'Artois qui en firent leur résidence quelque temps. Le cardinal de Bar et Lorraine l'acquit dans la suite, et lui donna son nom. (Sauval, tome 3, p. 315.)

En 1372, il appartint à certain comte de Boulogne, au dire de Jaillot, tome 4, p. 138.

Le compte de confiscation pour les années

---

(1) Ce clos s'étendait entre la place Maubert et St-Séverin et appartenait aux sieurs de Garlande, d'où l'on a fait le mot Galande.

(2) L'abbaye de Tyron, de l'ordre de Saint-Benoît était située dans la Beauce, entre Chartres et Nogent-le-Rotrou. Elle avait une maison importante à Paris, dans le quartier St-Antoine, qui a donné son nom à une rue. L'abbé Glaire. Dict, des sciences Eccl.

1423 à 1426, nous apprend que Montbéron (1) occupait l'hôtel de Bar, confisqué sur le cardinal de Bar. (*Paris sous la domination anglaise.* Longnon, p. 97.)

Au commencement de xve siècle, il revint à Réné et à Charles d'Anjou, rois de Sicile, enfants et héritiers de Louis de France et de Marie de Bretagne. Les Anglais le confisquèrent en 1423, ainsi que les biens de tous ceux qui avaient suivi la fortune de Charles VII roi de France. (SAUVAL, tome 2, p. 248.)

Vers ce temps là, il aurait appartenu à certain évêque d'Arras, dont Sauval affirme ne pas connaître le nom. (Tome 2, p. 136.)

En 1481, l'hôtel du quai de la Tournelle est redevenu la propriété des ducs de Bar et Lorraine,

---

(1) Montbéron, fils du maréchal de ce nom, avait suivi le parti du roi d'Angleterre ; celui-ci pour le dédommager de la perte de sa seigneurie de Montbéron, que le parti opposé lui avait enlevé, lui donna l'hôtel de Bar.

Montbéron, aujourd'hui Montbron, est une localité de la Charente. (Longnon, ibid.)

Cette maison est la seule du quartier, avec l'hôtel de Maugarny situé rue de Bièvre, dont les Anglais disposèrent en faveur de leurs créatures. Montbéron devenu anglais par option, eut l'hôtel de Bar, c'est dit :

L'hôtel ou château de Maugarny, appartenant antérieurement à Louis de Bourbon, échut à Robert de Willoughby, chevalier anglais, de par la volonté de Bedfort agissant comme duc d'Anjou en l'an 1427. C'est vraiment étrange de rencontrer, après cinq siècles de distance, un membre de cette ancienne famille, selon toute probabilité, continuant, suivant la tradition de ses ancêtres, à combattre la France et à s'enrichir à ses dépens ; personne n'ignore que le pire ennemi de la France à Madagascar, c'est le général Willoughby, commandant les Hovas.

qui le donnent pour 5 sols par an de reconnaissance à Gille Dorin, clerc de la Chambre des Comptes, et à Perrine sa femme, lavandière de Louis XI, leur vie durant, pour les dédommager des mille écus, qu'il leur avait promis en mariage, sans pouvoir s'acquitter.

Le même hôtel, en 1525, dans une déclaration de l'abbé de Sainte-Geneviève, et dans le jugement des commissaires rendu à cet effet, est appelé hôtel du Pain. (Jaillot, tome 4, p. 138).

Piganiol dit Dupin, du nom sans doute de quelque particulier qui l'aurait habité. Il est plus probable que ce nom lui vient de Robert de Mahaut, qui avait la charge de grand Pannetier sous Philippe le Bel, et qui l'habitait à cette époque. Longnon. ibid.

A la mort de la famille Dorin, il revint aux ducs de Montpensier, qui en firent cadeau à Jean de Selve, fameux magistrat négociateur principal du traité de Madrid, lors de la captivité de François I^r, et qui fut enterré dans l'ancienne église de Saint-Nicolas en 1529. Son épitaphe sur marbre noir, fut placée dans la nouvelle église, le long d'un pilier de la nef, et y resta jusqu'au moment de la Révolution Française.

Louis de Marillac, archevêque de Vienne, ancien ambassadeur à Constantinople, et grand-oncle de Louise de Marillac, fondatrice de l'institut des Filles de la Charité, en faisait son habitation vers 1560. Sauval.

Vers la fin du xvɪᵉ siécle, Jaillot signale encore comme propriétaire, certain évêque de Beauvais.

En 1603, il appartint à M. Despesse, avocat du roi.

En 1636, il sert de jeu de paume, et c'est alors qu'il devient la propriété de M. de Nesmond président à Mortier (1), et gendre de madame de Miramion, qui lui donne le nom qu'il a gardé jusqu'à ce jour. Car au rapport de St-Simon, c'est Mʳ de Nesmond, qui, le premier à Paris fit graver son nom sur une plaque de marbre, au-dessus de la porte d'entrée de son hôtel (2).

Mgr de Nesmond, ancien prêtre de la commu-

---

(1) Le mortier était une espèce de bonnet rond en forme de mortier renversé, fait de velours noir et bordé de galon d'or, que les présidents du Parlement portaient dans l'exercice de leurs fonctions. C'est encore aujourd'hui la coiffure des présidents de cours de justice. Dupinay de Vorepierre. Dict.

(2) Il paraîtrait que ce fut Mme de Nesmond (Guillaume) qui prit l'initiative de cette désignation de la maison de son mari. Voici les paroles textuelles de St-Simon : « Ce fut la première femme de son estat qui ait fait écrire sur sa porte, Hôtel de Nesmond. On en rit et on s'en scandalisa, mais l'écriteau demeura, et est devenu le père et l'exemple de tous ceux qui, de toute espèce ont peu à peu inondé Paris. » St-Simon, tome ɪ, p. 198. Il est à présumer toutefois qu'elle ne prit pas cette initiative sans l'autorisation de son mari.

nauté de Saint-Nicolas (1), l'un des principaux évêques de Bayeux, où il a laissé d'impérissables souvenirs, dit le savant abbé Lafetay, en son histoire du diocèse de Bayeux, le céda pour 80.000 livres à sa grand'mère pour y établir une partie de sa communauté. — Il paraîtrait encore que cet hôtel aurait été habité avant la révolution par Blondi, fameux danseur de l'Opéra.

Cet hôtel destiné à disparaître, au moins en partie, puisqu'il est frappé d'alignement, est aujourd'hui transformé en distillerie.

On peut lire au grand cartulaire de N.-D., deux chartes concernant l'emplacement de cet hôtel. (Chap. 337.)

Un autre plan des Bernardins également conservé aux archives et antérieur en date, cite d'autres noms de propriétaires pour les établissements et hôtels précités. Ce sont MM. Renouard, Girardeau, Neuvy, Eméjan et Desgranges.

Le long de la rue des Bernardins, au delà du quai et de l'hôtel de Nesmond, se trouvait une maison enclavée dans le dit hôtel, et appartenant aux héritiers de feue demoiselle Fournit, ensuite un hôtel appartenant à l'hôpital Général.

---

(1) La communauté des prêtres de St.-Nicolas fut fondée en 1612 par Mr Bourdoise, qui devint un prêtre d'une grande vertu et d'un grand zèle. Cette communauté a desservi St-Nicolas, jusqu'au moment de la révolution, sous la direction du curé de la paroisse en même temps qu'elle dirigeait le petit séminaire voisin.

Venaient après, la demeure de M. Charton, puis plusieurs maisons appartenant à Chol de Torpane, chancelier de la principauté des Dombes, qui les avait achetées de l'abbé Bignon, le neveu du sieur Bignon enterré à St-Nicolas du Chardonnet. Cet hôtel, bâti au 16e siècle pour Jacques Lefèvre, abbé de la Chaise-Dieu et conseiller de Charles IX, contenait des sculptures du plus haut prix, qui ont été transportées au palais des Beaux-Arts, lors de sa démolition en 1830. Elles étaient presque toutes de Jean Goujon. Au moment de la Restauration, ce palais était habité par les Dames du couvent des Oiseaux.

Sur l'emplacement de cet hôtel, dont les dessins figurent dans la statistique monumentale de LENOIR, on a élevé une Ecole communale ; le reste est occupé par un marchand de bois.

A côté, près du boulevard St-Germain, se trouvait l'hôtel de M. Barré, conseiller au Parlement, très habile collectionneur ; et enfin le long de l'impasse des Bernardins habitaient messieurs de Létang et le marquis du Breuil ; de l'autre côté de l'impasse, se trouvaient le cimetière de St-Nicolas et les terrains de la nouvelle église bâtie en 1656. On voyait encore en cet endroit, le petit hôtel de Braque que je ne puis passer sous silence, attendu qu'il a servi de presbytère à St-Nicolas du Chardonnet jusqu'à ces derniers temps. La chambre à coucher renfermait de fort jolies boiseries (1), et la salle de billard une collection unique, de gravures précieuses, représentant les évêques et archevêques de Paris. De plus, on y voyait deux tableaux ovales de Giovani, représentant Isaac et Jacob. Ils sont dans la chapelle de la communion à St-Nicolas du Chardonnet. Lefeuve. *Les vieilles maisons de Paris*. En retour sur la rue Saint-Victor, se voyaient encore les terrains de l'ancienne église de St-Nicolas, puis à peu de distance l'hôtel de Chaalis et son jardin, qui furent achetés l'un et l'autre par la communauté de St-Nicolas. L'acte de vente se trouve aux archives, dans les papiers des Bernardins, S 3663. Et en dernier lieu je ne saurais terminer cette nomenclature de vieux propriétaires, sans citer l'hôtel Compain, que M. l'abbé Compain, mit à la disposition de M. Bourdoise, fondateur du séminaire, et qui avait été construit sur des terrains appartenant aux Bernardins. Ce M. Compain qui resta 43 ans vicaire de la paroisse St-Nicolas, eut la plus triste fin. Il fut écrasé par la chute d'un échaffaud, lors de la construction de l'église actuelle de Saint-Nicolas, dont il surveillait les travaux avec le plus grand zèle.

---

(1) On en voit un fac-similé au cabinet des Estampes à la Bibliothèque Nationale.
(2) Les sieurs de Braque avaient leur château entre Écouen et Montmorency.

Du côté de la rue St-Victor, il y avait aussi diverses constructions, mais elles appartenaient au collège, et constituaient ce que j'ai appelé les bâtiments secondaires. Les voici dans l'ordre qu'ils se présentent sur les divers plans déjà cités, en commençant par ceux du voisinage du collège du Cardinal-Lemoine.

Un peu au dessus de la façade méridionale du grand bâtiment toujours debout et dont je parle ci-après, le long de la rue St-Victor, se trouvait un bâtiment divisé en plusieurs compartiments, appelé le logis de Buzay. J'avoue que je ne saurais dire ce que signifie cette qualification (1). A côté se trouvait le logis des hôtes du collège ; puis des cuisines et un réfectoire ; dans le voisinage du séminaire St-Nicolas, on voyait le logis du proviseur. Sur l'emplacement de la rue de Pontoise, à son extrémité vers la rue St-Victor, se trouvait un bâtiment affecté aux Bacheliers et appelé le dortoir des abbés. Le séminaire de St-Nicolas en 1650, acheta une portion de ce dortoir des bacheliers, pour s'aggrandir. Arch. Nationales. § 3663.

Précédemment en 1612 la fabrique de Saint-

---

(1) A moins toutefois que ce ne soit le logement affecté aux religieux de Buzay, abbaye située en Bretagne au diocèse de Nantes, fondée en 1135, et occupée par des religieux de Clairvaux, que St Bernard y envoya, *histoire de la Bret.* tome 1er p. 89, tome II pag. 139 : Richard et **Giraud** *encyclop. catholi.*

Nicolas, en prévision de la reconstruction de l'église, qui s'imposait de jour en jour davantage, acheta des Bernardins, moyennant la somme de 2.600 livres tournois, un terrain faisant partie du jardin des Bacheliers. Le tout avec les murailles et appentis, voisins de l'hôtel de Chaalis. Les religieux de Chaalis (1), au diocèse de Senlis avaient primitivement leur hôtel à Paris, rue Saint-Jacques, derrière l'église St-Séverin; en 1445 ils le vendirent aux marguilliers de la paroisse, et en achetèrent un autre, qu'avec le temps on a confondu dans le collège des Bernardins, on l'appelait la maison de Chaalis, et comme elle possédait un jardin, et tenait à l'église St-Nicolas du Chardonnet, elle a semblé si commode au séminaire, ou communauté de St-Nicolas, dit Sauval, pour y établir leur demeure, qu'après avoir longtemps plaidé contre les religieux, pour les contraindre à vendre ce logis, à la fin ils y ont été condamnés par arrêt de 1657, et quoi qu'ils aient touché 22.000 livres de ce qui peut-être n'en valait pas la moitié, il ne laissèrent pas d'en murmurer comme d'une violence. Sauval, *antiquités de Paris*, tome II, page 270. Archives, S. 3663.

A côté du dortoir des Bacheliers, se trouvaient les écuries du collège. La fabrique de Saint-

---

(1) En latin Carolilocis.

Nicolas en 1657, fut encore obligée d'en acheter une portion, afin de pouvoir continuer la nouvelle église, commencée l'année précédente, (archives id). Dans le voisinage du dortoir des Bacheliers, du séminaire de St-Nicolas en formation, et de la nouvelle église St-Nicolas en construction, se trouvaient une double série de bâtiments, désignés sous le nom de logis de Clairvaux et de logis de Cîteaux. C'était là que descendaient les abbés de ces deux maisons avec leur suite, quand ils venaient à Paris.

Il reste encore une portion de ces deux derniers bâtiments, dans le voisinage du presbytère de Saint-Nicolas du Chardonnet, avec des croisées qui ouvrent sur la cour intérieure de cette maison. A côté, et sur la même ligne, on a démoli dans ces dernières années, un bâtiment qui en faisait également partie, les caves qui existent encore, toutes grandes ouvertes, étaient solidement voûtées en pierre. Elles ont servi jusqu'à présent d'asile aux malandrins du quartier, qui franchissent trop facilement la clôture en planches du côté de la rue Pontoise. C'est certainement de ces cavernes, que sont sorties dans ces derniers temps, les bandes qui ont dévalisé, a deux reprises différentes, l'église St-Nicolas du Chardonnet.

A proximité de la porte d'entrée ; au fond de l'impasse des Bernardins, s'élevait le logis du procureur de la maison. En outre, de chaque côté de l'impasse se trouvaient divers terrains, qui dans la suite furent couverts de constructions. Tous ces bâtiments ont été détruits, il n'en reste plus aucune trace le long de la rue Saint-Victor, ils ont été remplacés par des constructions particulières. L'école de la rue de Pontoise, et la Fourrière s'élèvent sur une partie de leur emplacement.

Du côté de l'est, le collège des Bernardins, était borné aux abords de la rue Saint-Victor, par l'établissement du Cardinal-Lemoine ; dans le reste de l'espace jusqu'à la Seine, il l'était par une large bande de terrain, que le collège du Cardinal-Lemoine, tenait à bail des Bernardins.

On a pu remarquer, dans cette description topographique de l'établissement du collège de Saint-Bernard, qu'il n'a pas été question des rues de Pontoise et de Poissy, qui divisent actuellement la censive d'alors, en trois portions. Ces rues n'existaient pas, elles n'ont été percées, que vers la fin du 18e siècle, en 1774 et seulement dans la portion avoisinant la Seine, lors de l'établissement du Marché-aux-Veaux, sur une portion du marais, situé entre le quai et l'église, et dont j'ai déjà parlé (1). Ces deux rues ne reçurent les dénominations précitées,

---

(1) Elles ne furent prolongées jusqu'à la rue Saint-Victor qu'en 1810. Lazare, dictionn. des rues de Paris.

que parce que les villes de Pontoise et de Poissy, sont réputées comme envoyant à Paris les veaux les plus estimés par la boucherie parisienne.

Pour perpétuer le souvenir de cette fondation très utile à la Capitale, on avait gravé sur 4 tables de marbre noir les inscriptions suivantes.

Elles ont été transportées au musée de la ville de Paris, hôtel de Carnavalet. Elles sont en français et en latin. Ce sont des souvenirs intéressants surtout le quartier St-Victor. Les voici :

« L'emplacement de ce marché qui manquait
« à la Capitale, a été fourni par une compagnie
« de citoyens, et la halle construite à leur frais
« en vertu des lettres patentes du roy, sous les
« auspices de M. de Sartine, conseiller d'état
« lieutenant général de Police, qui a posé la
« première pierre en 1774.

2ᵉ Inscription

« Cette halle, qui en facilitant le commerce,
« et la conservation des denrées, ajoute aux em-
« bellissements de la Capitale, a été construite
« sur les dessins du sieur Lenoir, architecte, par
« le sieur Foulon expert, entrepreneur en 1774.

3ᵉ Inscription.

« Urbi forum a civibus dicatum »
« 1774.
« Mercem fovet, cives alit,
« Urbem ornat.

4ᵉ Inscription

« Quod urbi deerat, isto commodiori situ, fo-
« rum propriis sumptibus ædificaverunt socii ci-
« ves, diplomate regio, firmati.

« Auspice favente clar. viro. D. D. Ant.
« Ray. Joan. Gualb. Gab. de Sartine.
« Politiæ præfecto, qui primum lapidem
Posuit, anno 1774.

Ce marché était entouré d'une rue sur ses quatre faces qui portait le nom du fondateur, M. de Sartine. *Musée de Carnavalet.*

Collège proprement dit.

La portion la plus importante du monastère ou collège, et qui est encore debout, se divisait en quatre étages principaux. Le cellier, pièce souterraine, le réfectoire et le chapitre, le dortoir des religieux, et enfin le dortoir des étudiants ; c'est le grand bâtiment, qui court le long de la rue de Poissy, sans lui être parallèle, car il s'en écarte à mesure qu'il s'avance vers le sud. Ce bâtiment, quoique défiguré, surtout à l'extérieur par les diverses transformations qu'il a subies, n'en reste pas moins un des plus curieux spécimens d'architecture claustrale. Il mesure près de 270 pieds de longueur. Bonardot, *revue universelle des arts,* 1857.

Le cellier.

Le cellier, ou cave, pièce complètement souterraine, avait comme les étages supérieurs, 17 travées d'étendue. Il était divisé en trois nefs, par 32 pilliers de l'ordre roman, qui soutenaient la voûte, et entouré de murs de grande épaisseur, en pierre de taille, qui n'étaient cependant pas à l'abri des infiltrations, quand la Seine débordait. On dut pour s'en préserver, exhausser considérablement le sol. J'ai dit ailleurs qu'à la suite de l'inondation de 1709, le sol de l'église fut exhaussé de près de six pieds. On fit la même opération sur tous les terrains du couvent sans négliger le cellier. C'est ce qui explique pourquoi le pavé actuel de ce souterrain s'élève presque jusqu'à la hauteur du chapiteau des piliers. Ce vaste compartiment, divisé selon les besoins du service, était éclairé par des soupiraux de forme rectangulaire, placés de chaque côté de l'édifice, entre chaque travée.

Ce cellier est occupé actuellement, par un marchand de bouteilles du quartier. On y pénètre du côté de la rue de Pontoise, par un couloir en pente douce, pratiqué sous l'avant-corps de bâtiment, élevé en 1845. L'escalier voisin de la cuisine, à l'extrémité méridionale du bâtiment, par où on y descendait antérieurement a été détruit.

Cette pièce autrefois admirable, est devenue un souterrain ténébreux, humide et glacial, un vrai cloaque, en un mot.

L'humidité suinte du sol et des voûtes. Je dois dire qu'à mon grand étonnement, j'ai constaté que l'eau de pluie y pénètre du dehors à flots et librement par le couloir précité, ce qu'il eût été facile d'empêcher en la recevant à l'entrée du souterrain, dans un léger caniveau, et la détourner ainsi dans l'égout.

Chasser l'humidité de cette pièce serait facile, y faire rentrer la lumière ne le serait pas moins.

Autrefois, ce cellier était éclairé par des ouvertures plus larges que hautes, pratiquées entre chaque travée ; comme je viens de le dire, ces ouïes ont été murées; vu l'exhaussement du sol. Il eût été pourtant facile de les maintenir ouvertes, en tenant à distance, par un léger mur élevé entre chaque contrefort, les terres rapportées qui les obstruent.

J'ajoute même que l'on pourrait, et à peu de frais, établir une plus large tranchée autour du monument, ce qui l'isolerait des terres environnantes, et en serait le plus sûr conservateur.

Ce travail permettrait, comme je l'ai dit, à la lumière de rentrer dans le cellier, et chasserait l'humidité intérieure et extérieure qui ruine le monument.

Il permettrait enfin de déblayer le cellier des 12 pieds de terre rapportée qui le remplissent, et de constater par suite, dans quel état de solidité se trouvent les piliers qui soutiennent la voûte. Il est incontestable que ces piliers de léger volume, enfouis depuis deux siècles dans la terre humide, ont besoin de réparation. Il peut se produire à brève échéance, un effondrement qui aurait des conséquences désastreuses, et peut-être irréparables pour le reste de l'édifice, puisque ses divers étages sont appuyés sur ces piliers du souterrain, dont il est impossible de constater l'état de conservation.

J'ajoute que ce travail opérerait une vraie résurrection, car il rendrait à la vie, une œuvre d'art, ensevelie dans la boue depuis 2 siècles, et aux admirateurs du vieux Paris, et ils sont nombreux, la salle la plus vaste et la plus splendide qui soit dans la capitale. Elle aurait en effet, comme l'étage supérieur, 270 pieds de long sur près de 45 pieds de large.

On s'étonnerait volontiers, à la vue des vastes proportions accordées à ce cellier, si l'on ne savait qu'il était destiné à contenir les provisions de bouche, de tout un monde de religieux, de professeurs, d'étudiants, et surtout de pauvres, car personne n'ignore qu'autrefois, ces maisons religieuses distribuaient journellement, aux nécessiteux des divers quartiers de Paris, une nourriture abondante.

D'ailleurs, ce cellier aux vastes proportions, n'est pas particulier aux Bernardins de Paris, on en peut voir de pareils dans presque toutes les anciennes abbayes encore debout, et en particulier à l'abbaye d'Aunay en Normandie, célèbre par les Alnetanœ du savant Daniel Huet, évêque d'Avranche ; au mont St-Michel, le cellier avait presque les proportions du réfectoire, et de la salle des chevaliers, la plus vaste qui soit en Europe. Il est certain qu'à l'abbaye St-Victor, dont j'ai parlé à l'occasion de la fondation des Bernardins, le cellier était une des principales pièces de l'établissement, puisque là aussi, on faisait chaque jour, de larges distributions de vivres aux pauvres du quartier. A ce souvenir, et à la vue de la misère croissante qui étreint chaque jour davantage, les pauvres des quartiers de la place Maubert et St-Victor, on se prend à regretter vivement, la destruction de ces maisons, où les pauvres considérés comme les meilleurs amis de Dieu, étaient toujours accueillis comme des frères.

LE RÉFECTOIRE ET LE CHAPITRE.

Au-dessus de cette vaste construction souterraine, s'en élève une autre de même dimension, également divisée en 17 travées, c'est le réfectoire et le chapitre, principales pièces de cet étage, un des plus vastes et des plus curieux débris du moyen âge. Il est surmonté d'une voûte en ogive, et divisé en trois nefs, par deux rangées de 32 élégantes colonnes monolithes, d'une hauteur de 4 mètres environ, couronnées de chapiteaux, ornés d'une dizaine de palmettes à galbes, en forme de crosse. Ces colonnes soutiennent les retombées de voûtes, entrelacées avec grâce, et bordées sur leurs arêtes de bourrelets destinés à devenir des nervures, et s'appuyant du côté du mur sur des piédouches non sculptés.

De grandes fenêtres en ogive, percées dans une épaisse muraille, et consolidées entre chaque baies, par des contreforts hauts et bas, c'est-à-dire montant l'un sur deux, jusqu'aux combles de l'édifice, éclairent à l'est et à l'ouest ce vaste local. Des vitres modernes, ont, il est vrai, remplacé les petits losanges de verre, enchâssés dans des résilles de plomb, en usage dans ces sortes de vitraux ; cependant quelques fenêtres, surtout du côté de l'est, ont encore conservé leurs meneaux de pierre.

Du côté du midi, il recevait la lumière par des ouvertures en forme de rose, mais la façade en encorbellement dont l'édifice était flanqué autrefois de ce côté, ayant été modifiée, il ne reste plus aucune trace des trois roses divisées en 4 lobes, qui éclairaient l'extrémité du réfectoire (1). Cette façade méridionale, dont ce qui reste ne saurait donner une idée exacte, était divisée en trois travées, par 4 contreforts, dont deux s'élevaient presque jusqu'au pignon. Outre les trois roses à 4 lobes, dont je viens de parler, on voyait 3 baies plus larges que hautes, et qui donnaient du jour au bout du dortoir.

Au dessus du dortoir, entre les sommets des hauts contreforts, une rose fermée par de riches meneaux, permettait, ainsi que deux fenêtres situées au-dessus, que l'air circulât dans les parties supérieures du comble. Ce pignon a disparu. Celui qui y correspondait du côté du nord, et qui s'élevait au-dessus du toit aigu, surmontant la sacristie, dans lequel on voyait

---

(1) Elles ont été murées, on en voit cependant encore la forme d'une à l'intérieur de la salle ; les trois baies éclairant le dortoir ont été également murées, les deux fenêtres supérieures ont été détruites, de sorte que, des neuf ouvertures ornant cette façade, il n'en reste plus qu'une, la rosace, encore cette dernière a-t-elle été dépouillée de son réseau de pierre.

une grande rosace (1), identiquement pareille à celle du midi, et au-dessus deux fenêtres, aérant également la partie supérieure des combles, ce pignon a aussi disparu dans les diverses transformations qu'a subies le monument.

Ce premier étage était appelé communément réfectoire, à cause de l'importance de cette pièce. On y montait par un bel escalier moderne, situé à l'angle septentrional de l'édifice.

Indépendamment du réfectoire, il contenait plusieurs autres pièces très importantes, les voici dans l'ordre qu'elles se présentent dans le plan de 1743, conservé aux archives sous le n° 114, et qui fut présenté à Cîteaux, le 30 juillet 1743 et signé F. And, Gnal. de Citeaux.

A proximité de la sacristie, et y communiquant par une ouverture, se trouvait une pièce appelée petit Chapitre. Il contenait une seule travée.

A côté du petit Chapitre, se trouvait la salle des actes, ou grand Chapitre, qui contenait trois travées, et les trois nefs en entier ; quatre colonnes isolées au milieu de cette vaste pièce, en soutenaient les voûtes. La salle d'attente, autrement appelée Escoutte, était à la suite, elle contenait une travée. Après venait un passage, faisant communiquer les jardins intérieurs, avec

---

(1) Cette rosace existe encore avec son réseau de pierre, mais elle est masquée par les constructions qui ont été élevées sur la sacristie.

les extérieurs ; jardins potagers et d'agrément plantés d'arbres, donnant sur le collège du Cardinal-Lemoine. Ce passage contenait également une travée, c'est-a-dire une largeur d'à peu près cinq mètres. Viennent ensuite dans le même ordre, deux classes, ayant chacune deux travées, et ouvrant l'une et l'autre, ainsi que la salle d'attente, dont il vient d'être parlé, sur le corridor, qui longeait le bâtiment dans toute sa longueur du côté de l'ouest, c'est-à-dire du côté de Saint-Nicolas du Chardonnet. Et pour clore cette série de compartiments, le réfectoire comprenait à lui seul 4 travées. Il était entouré de crédences, et de lavabos dont quelques-uns sont encore en place, mais singulièrement déformés ; car autrefois on y voyait de magnifiques cuves à laver les mains, ornées de sculptures qui en faisaient de véritables monuments. Sous prétexte de les restaurer au xviiie siècle, on les a détruit. On y pénétrait du côté du corridor, et du côté de la cuisine, par un vaste couloir, pavé en *grais*, dit le plan sur parchemin de 1678, conservé aux archives. La cuisine, et le garde-manger, comprenaient trois travées. Le garde-manger, où l'on communiquait de la cuisine, comprenait presqu'une travée à lui seul.

Cette distribution, que je rapporte d'après le plan de 1743, était un peu différente dans les temps antérieurs, suivant la nécessité des circonstances, ou les idées personnelles des chefs de l'établissement, sans jamais toutefois, affecter la forme fondamentale de l'étage, qui se composa toujours comme maintenant encore, de trois nefs latérales.

DORTOIR DES RELIGIEUX.

Au-dessus de ce premier étage, se trouvait le dortoir des religieux, on y montait des corridors, par l'escalier qui se trouvait à l'angle septentrional de l'édifice ; et de l'église par l'escalier à vis, dont il a été parlé ailleurs.

Cet étage, dépourvu de colonne et de voûte, dit Lenoir, était éclairé de chaque côté par 17 fenêtres en ogive. M. de Montalembert dans le fragment de son rapport, que je citerai ci-après, dit que ce dortoir était voûté comme les deux étages inférieurs ? Ce qui est certain, c'est qu'il était recouvert par une haute, et immense charpente artistement boulonnée, et formant une vaste pièce, sans aucun support au milieu. Elle servait de dortoir à une portion considérable des étudiants inférieurs au collège ; le dortoir des étudiants supérieurs, les bacheliers, était comme on vient de le voir, voisin de St-Nicolas du Chardonnet. Ce vaste dortoir qui couronnait l'édifice, était éclairé comme les étages inférieurs, par des fenêtres en ogives dont les élégants clochetons, se détachaient de la couverture, au niveau des combles, et formaient autour de l'édifice une ceinture de dentelle de pierre. Mais revenons au dortoir des religieux professeurs.

Dans le principe, c'est-à-dire au moment de la fondation, le dortoir des religieux ne formait qu'une seule et unique pièce, ou dortoir commun, disposition, selon le désir et l'esprit du fondateur, Benoît XII. Elle dura plus ou moins longtemps, toujours est-il, qu'à la fin du 17e siècle, 1698, le dortoir avait été cloisonné et divisé en cellules. A cette époque le bâtiment tombait en ruine, dans sa partie supérieure, surtout du côté du Cardinal-Lemoine. Les gargouilles, percées ou rompues, laissaient couler l'eau sur les murailles, et avaient fini par les pourrir, de sorte que la solidité de l'édifice se trouvait compromise, et nécessitait de fréquentes réparations fort coûteuses. On résolut donc de refaire la partie supérieure de l'édifice. Dom Bernard Gérard, procureur du collège, présenta un plan qui fut accepté par Nicolas, abbé de Cîteaux et supérieur général de l'ordre. Dans ce plan, conservé aux archives, on substituait, selon le goût de l'époque, aux fenêtres gothiques, qui avaient éclairé le dortoir jusque là, les ouvertures carrées que l'on voit mainnant. Ce dortoir rebâti selon le goût moderne, fut de nouveau divisé en cellules cloisonnées, avec un large couloir au milieu, courant dans toute la longueur de l'étage.

Cette pièce fut recouverte par une vaste et haute charpente, formant une grande salle qui était éclairée, par de hautes fenêtres carrées, pratiquées dans la couverture, selon le plan de Dom Gérard.

Lenoir dans sa statistique monumentale, prétend que cette haute charpente fut abaissée quelques années avant la révolution.

Je crois qu'on ne lira pas sans intérêt, la lettre de l'abbé général de Cîteaux, en réponse au rapport, qui lui fut présenté, au sujet de la restauration du collège, par le procureur des Bernardins. Elle est consignée au dos du plan précité, et a été vue, approuvée, et signée par le supérieur général de Cîteaux, la voici dans sa teneur intégrale :

« Le conseil de notre collège de St-Bernard de Paris nous ayant humblement remontré que les gros murs du dortoir étaient extrêmement dégradés, particulièrement du côté qui regarde le collège du Cardinal-Lemoine ; que beaucoup de gargouilles, et pierres des dalles étaient tombées, et que plusieurs autres menaçaient d'une prochaine chute ; que les eaux de pluies pénétraient la plupart des piliers buttants, aussi bien que les dits gros murs, et croisées des cellules, ce qui faisait que les dites eaux tombaient dedans, pourquoi il était nécessaire d'en faire promptement les réparations, aussi bien que des cloisons des dites cellules, en entier, parce qu'étant de très mauvais matériaux, rien n'y tenait, et que toutes les réfections fréquentes, qu'on est obligé de faire, sont d'une grande dépense sans aucune utilité ni avantage ; et attendu que la nécessité de faire des échafauds pour réparer les dites dalles, gargouilles, piliers buttants, et la partie supérieure des dits gros murs, facilitait en même temps la réfection des dites croisées et cloisons ; le dit conseil nous a supplié d'ordonner que le tout fût réparé, et fait en même temps pour en épargner la dépense. Nous, ayant égard à tout ce que dessus et à la remontrance du dit conseil avons ordonné, à notre vénérable confrère Dom Bernard Gérard, procureur de notre dit collège de faire faire toutes les dites réparations, et cloisons des dites cellules, conformément au plan de l'autre part, à condition et non autrement, qu'il ne sera pour raison de tout ce que dessus, fait aucun emprunt de deniers. »

« Donné à Paris dans notre collège de St-Bernard sous notre seing manuel, celui de notre secrétaire et l'impression de notre cachet, le huitième juillet mil six cent quatre-vingt-dix huit.

F. Nicolas abbé Général de Cîteaux

† Place du sceau

Henriot secrétaire.

Le rapport qui précède, est écrit au dos du plan présenté à l'abbé Général, ce qui explique l'expression qu'il contient, *plan de l'autre part*, c'est-à-dire de l'autre côté, or ce plan présenté et adopté, transformait les croisées ogivales primitives qui éclairaient le dortoir, en croisées de forme carrées cintrées par le haut.

Ce même plan, présente aussi à l'approbation de l'abbé Général de Cîteaux, une haute charpente formant comble, percée de croisées hautes et carrées, remplaçant les fenêtres gothiques, qui formaient primitivement autour de l'édifice, au-dessus des gargouilles, une ceinture circulaire de pierre habilement taillée.

On peut se poser ici plusieurs questions, 1° Cette charpente des combles, a-t-elle été refaite en entier à la fin du XVIIe siècle, ou seulement restaurée, où besoin était ? si elle n'a subi qu'une restauration, M. de Montalembert dans son rapport de 1845, a pu dire avec vérité, qu'elle datait du XIIIe siècle, ou mieux du XIVe siècle, puisque l'église et le couvent encore debout, ne furent commencés que vers 1340.

Mais il n'est pas probable que, vu l'état de délabrement de l'édifice, qui tombait en ruine à la fin du XVIIe siècle, la chapente des combles ait été plus ménagée que la maçonnerie ; d'autre part, si cette charpente était intacte, ou n'avait besoin que de quelques réparations, à

4.

quoi bon ajouter, dans le projet à restauration du dortoir des religieux, présenté à l'approbation de l'abbé de Cîteaux, un autre projet de restauration des combles, ou dortoir des étudiants, avec un plan du travail à exécuter? cela était inutile. De sorte que, quand on voit l'abbé de Cîteaux approuver les deux plans de restauration des dortoirs du collège, c'est que l'un et l'autre ont été complètement restaurés à cette époque ; d'où il résulte que M. de Montalambert en 1845, considérant cette charpente comme du XIIIe siècle, se trompait, puisque selon toute probabilité, elle n'est que de la fin du XVIIe siècle.

2e Question. La voûte que Mr de Montalembert suppose au-dessus du dortoir, a-t-elle disparu dans cette restauration ? Il parle en effet de trois étages voûtés. Cela n'est pas probable, d'ailleurs, aucun écrivain n'a parlé des voûtes du dortoir, tous au contraire, ont dit que ce dortoir était recouvert d'une vaste charpente appuyée de chaque côté sur les murs, et sans aucune pièce de soutènement.

C'est incontestablement à cette époque de restauration, que furent construits sur la sacristie, les appartements qu'on y voit encore. Antérieurement, il n'y avait qu'un simple passage, conduisant de l'église au dortoir, par l'escalier double et à vis ; à partir de 1743, on vit cet espace divisé en appartements et affecté à l'usage de M. le proviseur. Archives Nationales.

Cet état de choses dura jusque vers la moitié du XIXe siècle. A la révolution, le collège devint la propriété de la Ville qui l'affecta à divers services. C'est ainsi qu'en parle, en 1841 M. Bonardot: (*revue universelle des arts* 1857). « Je visitai le réfectoire, en compagnie de M. Rebillot, alors colonel de la garde municipale et amateur passionné des restes du vieux Paris. La salle servait de magasin pour l'éclairage à huile de la Capitale, car le gaz ne courait pas encore jusqu'aux extrémités de nos faubourgs, surtout du côté de la rive gauche. Une partie de la longue salle était donc encombrée de barils d'huile, aux exhalaisons nauséabondes, et si j'ai bonne mémoire, de monceaux de réverbères réformés. On commençait des réparations, circonstance qui me chagrina fort, car à cette époque, M. Lassus était presque le seul architecte habile à traiter le moyen âge, et nos vieux édifices estropiés, étaient en général confiés à de terribles chirurgiens. »

Ces prévisions de M. Bonardot devaient se réaliser. 4 ans plus tard, en effet; nous voyons M. de Montalembert, dans un rapport, présenté à la Chambre des Pairs, au sujet de la restauration de Notre-Dame, protester avec la plus grande énergie, contre la mutilation qu'a subie les années précédentes, le collège des Bernardins.

La portion seule de son rapport, se rapportant aux Bernardins, fut insérée dans le *Bulletin de l'alliance des arts* du 10 août 1845, page 61.

A côté des deux erreurs qui s'y trouvent et, que j'ai signalées ; la première qui attribue au XIIIe siècle la construction du collège actuel, qui en réalité ne fut commencé ou plutôt reconstruit que vers 1340, sous le pontificat de Benoît XII.

La seconde, qui suppose trois étages voûtés et superposés, tandis qu'en réalité il n'y en a que deux, le cellier et le réfectoire. Ce rapport contient, outre la vigoureuse protestation contre les mutilations, les transformations mal conçues, qu'a subies le monument, de précieux renseignements archéologiques. Il nous apprend 1° que le grand comble qui était un vrai chef-d'œuvre de charpente, comparable seulement en France à celle de Notre-Dame, fut détruit, parce qu'il aurait fallu pour le conserver, réparer quelques chevrons à demi pourris. Par économie, on le remplaça par un toit à l'italienne, tel qu'il se voit encore aux deux extrémités du monument.

2° Il nous apprend encore, qu'à cette époque, fut élevé l'étage, qui couronne l'édifice au milieu, sous forme d'attique, conception ridicule et misérable, choquant toutes les règles de l'art. Les architectes éminents qui composaient la commission nommée pour la restauration des monuments historiques, auraient dû laisser retomber sur de vulgaires maçons une pareille responsabilité artistique, sans l'endosser eux-mêmes. On ne peut justifier cette conception, qu'en se plaçant au point de vue utilitaire, savoir : agrandir l'édifice, pour le rendre propre à recevoir le personnel nécessaire au fonctionnement des pompes à incendie, qu'on se proposait d'y installer.

3º Du côté de la rue de Pontoise, et de la Fourrière, se trouve un espèce d'avant-corps de bâtiment, adossé au bâtiment primitif et dont les proportions étriquées et mesquines ne répondent pas à la masse imposante du monument d'à côté, bien qu'on ait essayé de l'imiter, avec le moins de frais possible, à la vérité. C'est aussi à cette époque que fut construit cet avant-corps, qui mérite, au point de vue de l'art, les mêmes qualifications que l'attique, et les combles à l'italienne, dont je viens de parler. On lira avec intérêt, je pense, ce qu'a écrit M. de Montalembert à ce sujet. Voici le passage que j'ai signalé plus loin.

10 août 1845.

« Ce précieux édifice du XIIIe siècle, divisé comme une cathédrale en trois nefs, chacune de 17 travées, et de 270 pieds de long, lesquels se reproduisent à chacun de ses *trois étages voûtés*, est unique de son espèce non seulement à Paris, mais en France. Après avoir servi tour à tour d'école et de magasin, il vient d'être transformé en caserne de Pompiers. Nous ne voulons pas juger la convenance de cette destination, et nous ne doutons pas des précautions prises par notre collègue, M. le préfet de la Seine, pour empêcher toute mutilation inutile.

« Nous savons aussi très bien, que pour qu'un édifice soit conservé, il doit recevoir une destination quelconque. Mais on gémit de voir que cette appropriation récente ait fourni l'occasion de détruire l'ancienne toiture. La charpente de cette toiture formait une seule salle immense sans cloison, disposée avec cet art merveilleux, qui avait fait donner à ce genre de comble le nom de forêt. Cette charpente était du XIIIe siècle comme l'édifice lui-même, et Notre-Dame seule offre un autre exemple de charpente de ce genre et de cette date.

« Eh bien, sous le vain prétexte qu'un certain nombre de chevrons étaient attaqués par l'humidité, et avec cette funeste manie de substituer partout du nouveau à l'ancien, on a jeté bas cette charpente tout entière, et on lui a substitué un toit à l'italienne, un toit aplati, et n'ayant d'autre caractère que celui d'un grossier anachronisme. On a divisé l'étage du milieu avec son double rang de colonnes en une infinité de petites pièces, qui en détruisent tout l'effet. On a défiguré l'extérieur du monument par la construction d'un pavillon d'avant-corps et d'un attique, et on a recouvert le tout d'un badigeon jaune. »

L'importance de cet édifice pour l'art et l'histoire ne pouvait être méconnue, car il a été relevé et gravé avec le plus grand soin par les ordres du ministre de l'instruction publique, dans la statistique de Paris, publiée par Alfred Lenoir au frais de l'État. On a peine à concevoir qu'une pareille dévastation ait pu être effectuée en 1845, sous les yeux des inspecteurs généraux de la commission des monuments historiques, et au moment où l'on vous demande des millions pour achever St-Ouen (1) et sauve Nrotre-Dame »

Depuis cette époque le monument n'a pas été touché, si ce n'est pour subir d'insignifiantes réparations.

---

(1) Il s'agit ici, selon toute probabilité, de St-Ouen de Rouen, qui fut restaurée à cette époque, et fort malheusement, car on substitua aux deux tours monumentales qui ornaient son portail, deux constructions mesquines qui n'ont nulle proportion avec le reste de l'édifice.

Fondation du Collège.

Le couvent des Bernardins, ou mieux le collège des Bernardins, fut fondé vers 1244, par Etienne Lexington, anglais d'origine.

Il était issu d'une famille noble, qui donna à cette époque quatre hommes illustres, dont trois, servirent avec distinction, l'Eglise et l'État en leur pays.

Ils avaient nom, Jean, Robert et Henri.

Jean fut un vaillant soldat, qui devint garde des sceaux du roi Henri, 1238.

Robert simple clerc, mort en 1250, fut longtemps en Angleterre, ministre de la justice, justitiarius. Il acquit dans cette charge un nom fameux, et de grandes richesses, « nomen famosum et amplissimas possessiones adquisierat, » dit Duboulay. Peu d'années avant sa mort, devenu paralysé, il se démit de sa charge, et fit de grandes aumônes avant de mourir.

Henri fut doyen de l'Eglise de Lincoln, pendant plusieurs années, et en devint évêque en 1254.

Etienne au contraire fut élevé dans l'université de Paris, il y suivit les leçons du fameux Edme ou Edmond, professeur recherché et qui devint ensuite primat de Cantorbéry. Ce fut grâce aux leçons et aux exhortations de ce maître illustre, qu'il se fit religieux de l'ordre de Cîteaux, persuadé qu'il trouverait dans la solitude, plus de moyens pour cultiver ses talents et acquérir la science.

Après les années d'études, et d'épreuves réglementaires, Etienne fut nommé abbé de Sauléria en Angleterre. En 1230, il passa à l'abbaye de Savigny (1), en Normandie, puis en 1242, il fut élu abbé de Clairvaux qu'il gouverna avec prudence et sagesse, pendant deux années (2).

En 1244, il obtint du pape Innocent IV, l'autorisation de fonder un collège à Paris, à l'usage des religieux de Clairvaux ou Bernardins, et pour faciliter leurs études. *Lexington parisiense collegium primus struxit*. Math. Paris.

A cet effet il acheta quelques arpents de terre, situés auprès des murs de l'abbaye de St-Victor; mais les religieux de cette maison, craignant que dans la suite, il ne résultât quelques désordres, d'un voisinage si rapproché, entre deux collèges de règle différente, proposèrent aux Bernardins un échange qui fut accepté (3). Ceux-

---

(1) Les débris de cette abbaye existent encore au diocèse de Coutances, elle fut fondée au xii° siècle par Vital de Mortain, à son retour des îles Chaussey.

(2) L'abbaye de Clairvaux fut fondée réellement en 1115 par St Bernard, né près de Dijon, au bourg de Fontaine, le même qui en 1149, obtint pour l'abbaye de St-Victor, l'autorisation de détourner le cours de la Bièvre, et de la faire passer à travers le faubourg, et jusqu'à l'extrémité de la rue de Bièvre actuelle, où elle se jetait dans le petit bras de la Seine, auprès des Grands Degrés.

(3) Duboulai, tome 3, page 185.

ci abandonnèrent leur terrain hors les murs, et en reçurent de grandeur équivalente, au Chardonnet, dans la censive de St-Victor. Certains auteurs ne parlent pas de cette acquisition dont les actes sont insérés au grand pastoral de l'Eglise de Paris. Le Pape innocent IV les autorise pourtant, à quitter le premier lieu où ils s'étaient établis.pour venir s'installer au Chardonnet; voici ses paroles : « Ex parte vestra fuit propositum coram nobis quod de loco ubi primitus fueratis qui usibus vestris nimium arctus erat, ad locum de Cardineto vobis accommodatum, et studio cui insistitis magis aptum vos deliberatione provida transtulistis. » Bulle du pape Innocent IV aux Bernardins 1248, (Félibien, tom. 1, 160).

Piganiol de la Force se contente de dire : L'abbé de Clairvaux, fut déterminé à bâtir son collège en cet endroit, à cause que son abbaye y possédait déjà une maison, que l'auteur des annales de Cîteaux appelle l'hôtel des comtes de Champagne, (Pig. tom. 5 pag. 331). On trouvera ci-après de plus amples détails sur les diverses acquisions de terrain, faites dans la suite par le collège. (Félibien, tom. 1er pag. 510.)

« L'établissement du collège des Bernardins ainsi confirmé alla fort vite par le zèle de l'abbé Etienne. Le 1er jour de novembre 1246 les doyens et chapitre de Notre-Dame firent bail perpétuel ux abbé, couvent et religieux de Clairvaux, étudiants à Paris, pour 25 livres Parisis de rente annuelle, payables dans leur cloître pendant l'octave de St-Jean-Baptiste, de deux pièces de vignes l'une de six arpents, moins huit quartiers, située près des murailles, et de la porte de Paris, par où l'on va à St-Victor, et l'autre sise, vers les dits six arpents et la porte susdite ; toutes ces vignes quittes de servitudes personnelles et domaniales, à la réserve de ce qui était dû aux moines de Tyron. Permis à l'abbé et aux moines de Clairvaux, de vendre ou échanger ces vignes, à condition cependant d'en payer toujours le cens au chapitre de Notre-Dame, quand même ils n'auraient plus ces vignes. »

« De ces deux pièces de vigne sises hors des murs de la ville, l'abbé Etienne et les religieux de Clairvaux donnèrent la pièce de six arpents, exempte de cens et de servitude aux religieux de Saint-Victor, qui leur cédèrent en échange six arpents de terre, dans le lieu appelé Chardonnet, aussi libre de cens et de toute charge, avec pouvoir de les tenir en main-morte, et d'acquérir encore, quand ils voudraient, la terre de Maître Pierre de Lambale, et un autre arpent de terre, situé entre celle-là, et les cinq arpents à eux cédés en échange dans le Chardonnet, ou bien trois autres arpents de terre, au même lieu et dans leur censive, avec un chemin pour y aller. »

« Par ce traité qui est du mois de novembre 1246,

l'abbé et les religieux de Clairvaux promettent aux abbés et chanoines de St-Victor, qu'ils ne bâtiront jamais malgré eux hors des murs de Paris, depuis le chemin par où l'on va de la porte Ste-Geneviève, à St-Marcel, et de St-Marcel tout droit à la Seine ; et qu'à l'exception du Chardonnet, ils n'achèteront ni ne bâtiront rien dans la censive de St-Victor, sans la permission de l'abbé et des chanoines réguliers. »

« L'année suivante l'abbé et les religieux de Clairvaux, et en particulier ceux qui habitaient à Paris, dans le lieu appelé de St-Bernard, achetèrent pour 200 livres parisis, de Philippe, concierge du roy et de ses frères, sœurs et beaux-frères, une pièce de terre sise au Chardonnet d'environ trois arpents, près de la terre que les religieux de Clairvaux avaient déjà dans la censive de St-Victor, et frère Guillaume prieur du collège, comme procureur des religieux, en fut mis en possession, au mois d'avril 1247. »

« En 1254, au mois de juillet, l'abbé et le chanoines de St-Victor vendirent à l'abbé et aux moines de Clairvaux et aux frères demeurant à St-Bernard à Paris, un arpent de terre et tout le reste de ce qu'ils avaient au Chardonnet, depuis le pont de Bièvre devant l'église de Saint-Nicolas, jusqu'à la rivière de la Seine d'une part, excepté le droit qu'avaient les moines de Tyron sur trois quartiers de terre au Chardonnet au bord de la Seine, qui servirent depuis d'emplacement à l'hôtel que Flamand y fit bâtir en 1260, et qui s'est appelé dans la suite l'hôtel de Nesmond, nom qu'il conserve encore aujourd'hui ; et d'autre part depuis la terre de Sainte-Geneviève située entre le pont de St-Nicolas et la Seine, jusqu'à la terre achetée de Philippe, concierge du roy. »

« Ceux de St-Victor cédèrent toute la terre comprise entre ces bornes, avec toute la justice, la juridiction, le domaine et la censive qu'ils y avaient.

« Au mois de septembre 1255, maître Georges de St-Magloire, reconnut par devant l'officier de Paris avoir vendu à l'abbé et aux religieux de Clairvaux, un demi-arpent de terre située au Chardonnet, proche l'église St-Nicolas, et dans leur censive. »

« En 1275 le curé à St-Nicolas du Chardonnet, et quelques autres particuliers conjointement, vendirent pour le prix de 60 livres aux religieux de Clairvaux, une pièce de terre, contenant un arpent et plus, sise au Chardonnet, joignant les murs des religieux d'une part et dans leur censive ; et de l'autre part tenant à la terre de Notre-Dame, autrement dite de maître Pierre de Lamballe. C'est où fut depuis bâti le collège du Cardinal-Lemoine (1) depuis le rue de Bièvre, jusqu'à la Seine. »

Il paraît, que ce qui avait décidé l'abbé Etienne Lexington, à s'étendre si considérablement en ce lieu, était que son abbaye possédait au même quartier une maison, que l'auteur des annales de Cîteaux, appelle l'hôtel des Comtes de Champagne. L'emplacement de cet hôtel est inconnu, son existence même est contestable, car on ne s'explique pas pourquoi Lexington se serait établi primitivement entre les murs de Philippe Auguste (2), et l'abbaye St-Victor. Si cette maison eût existé, il eût été plus simple, et plus avantageux de s'établir là d'abord, et de s'y

---

(1) Le collège du Cardinal Lemoine fut fondé à Paris en 1303, par Jean Lemoine, cardinal, que le pape Boniface VIII avait envoyé à Paris à l'occasion de ses démêlés avec Philippe le Bel. Comme il échoua dans ses négociations avec le roi, il voulut se dédommager en fondant un collège, qui a été longtemps célèbre par le nombre de ses élèves, et la renommée de ses professeurs. Ainsi on y a vu successivement Evagrius, savant helleniste; Richer, Turnèbe. savant philologue ; Vatable, hébraïsant célèbre ; Buchanan, Muret, littérateur érudit, mais qu'on accusa d'habitudes dépravées ; Jean Passerat, un des auteurs de la satire Ménippée y professa les humanités, et eut pour successeur Théodore Marsille ; Geoffroy St-Hilaire logeait au Cardinal-Lemoine quand le savant minéralogiste Haüy qui y professait la seconde fut arrêté au moment de la révolution. A la même époque, l'aimable et populaire abbé Lhomond y professait la sixième. Il y avait, quand il fut fermé, plus de 250 élèves. Parmi ces derniers, on y avait compté Jean Calvin, Guillaume Farel, Jean Gelida et le futur traducteur de Plutarque, Jacques Amiot.

(2) Le roi Philippe Auguste, en 1208, fit élever des fortifications autour de Paris, il en reste encore un fragment sur la rive gauche, au bas de la rue de Clovis.

agrandir, ce qui fut fait dans la suite, mais seulement après que l'on se fut aperçu, que le voisinage de deux abbayes fréquentées par des écoliers d'esprit différent, pourrait offrir quelqu'inconvénient.

L'étendue des acquisitions réalisées par les moines de Saint-Bernard était considérable. Elle s'étendait depuis l'église Saint-Nicolas jusqu'au bout de la rue des Bernardins, et en retournant le long de la rivière de Seine, jusque vers le milieu du quai de la Tournelle, à l'exception de l'hôtel de Nesmond anciennement dite de Tyron, de Bar, de Montpensier, de Selve, de Marillac, Dupin, de Nesmond, etc. Il faut encore excepter les dernières maisons de la rue des Bernardins, qui peut-être faisaient partie du même hôtel, bâti sur la terre de Tyron, ainsi que le cimetière paroissial, et l'église St-Nicolas, qui ne faisaient point partie du domaine des Bernardins. Félibien(1) rapporte tout au long chacun des actes consacrant ces diverses acquisitions successives. Dans la suite, toutes les constructions qui s'élevèrent autour de St-Nicolas, se firent sur des terrains appartenant aux moines, et qu'ils vendirent à divers particuliers.

Lors de la transaction intervenue entre les deux maisons, les religieux imitèrent la con-

---

(1) Tomes II des preuves, page 660.

duite d'Abraham et de Loth, dont les serviteurs se prenaient de querelles, et ils se dirent entre eux « Ne quæso sit jurgium inter ,me, et te, inter pastores meos, et pastores tuos, fratres enim sumus : ecce universa terra coram te, recede a me obsecro, si ad sinistram ieris, ego dexteram tenebo, si tu dexteram elegeris, ego ad sinistram pergam. » Gen. Ch. XIII V. 9.

Le motif qui animait Etienne Lexington dans la fondation de ce collège, c'était sans doute de faciliter l'étude aux religieux de son Ordre ; mais c'était surtout pour échapper aux reproches d'ignorance, que leur adressaient les frères prêcheurs, mineurs (1), et autres légistes, qui se targuaient de science; qui enseignaient dans les écoles, et prenaient les degrés dans les universités. Quoi qu'il en soit du motif, le pape l'approuva, c'est pourquoi il fut statué, au chapitre général de Cîteaux en 1245, qu'on établirait d'autres collèges dans l'ordre, au moins un dans chaque Province (2). Cette recherche des sciences humaines attira aux Bernardins bien des critiques. On disait : Saint Benoît quitta Rome pour le désert et les Bernardins quittent le désert pour Rome, « unde evadunt aliquando doctiores, sed nunquam meliores. » On ajoutait malicieu-

---

(1) Mathieu, Paris, hist. anglia, anno 1243.
(2) Marten, tome 4 page 1384.

sement : commixti sunt inter gentes, et didicerunt opera eorum. Gallia Christiana, tome 7.

« Mathieu Paris critique à son tour l'établis-
« sement des collèges parmi les religieux men-
« diants, car, dit-il, s'ils parviennent à être doc-
« teurs, ils n'ont cure de retourner au couvent,
« ou s'ils y retournent, ce n'est pas pour obéir
« aux supérieurs qui y sont, mais pour leur faire
« tête, par allégation de leurs exemptions doc-
« torales, qui ne sont vraiment qu'énervantes de
« l'état monastique en leur endroit. Dubreuil,
« *Théâtre des antiquités de Paris*, p. 410.

Malgré ces critiques, Mathieu Paris, rend toutefois témoignage à la régularité des religieux de Cailrvaux, qui furent envoyés à Paris, pour étudier ; il déclare qu'ils édifièrent tout le public par leur piété, et leur retraite, s'abstenant de courir de côté et d'autre, comme faisaient d'ordinaire les religieux mendiants.

Etienne de Lexington, pour donner quelque fixité à son œuvre, fit accepter au comte de Poitiers, Alphonse frère du roi saint Louis, la qualité de fondateur et de protecteur du nouveau collège. Ce titre purement honorifique, coûta au prince 180 livres parisis de rente, à prendre sur la prévôté de la Rochelle, et que l'abbé s'obligea d'employer, à l'entretien de vingt religieux profès, de l'abbaye de Clairvaux, dont treize seraient prêtres pour y faire l'office, y vivre dans

5.

l'observance régulière, et étudier la théologie, comme il se voit par l'acte de fondation du 3 mai 1253. Il donna encore 20 livres parisis de rente, à prendre également sur la prévôté de la Rochelle, pour une messe journalière, qu'il fonda à perpétuité en cette maison.

Etienne fut autorisé en 1248, par le pape Innocent IV, à bâtir une chapelle, pour les besoins spirituels de la maison, et à bénir un cimetière, pour enterrer les religieux, et autres gens du collège : jusqu'à ce moment je n'ai retrouvé nulle trace de l'emplacement de ce cimetière. Voici comment s'exprime le pape Innocent IV à ce sujet : « Auctoritate presentium ut in capella vestra ejusdem loci de Cardineto, divina possitis celebrare officia, et cimeterium sicut moris est, ab episcopo benedictum habere, ad opus fratrum ibidem decedentium, juxta consuedinem Cisterciensis approbatam ; Felibien, tome I, des preuves, page 161.

Certains auteurs après l'abbé Le Bœuf historien du diocèse de Paris, ont pensé que la chapelle, construite au Chardonnet, en 1230 par Guillaume d'Auvergne, évêque de Paris, était sous le vocable de St-Bernard, et pour l'usage des religieux Bernardins.

C'est une erreur.

En 1230, les Bernardins n'étaient pas encore installés au Chardonnet, puisque ce n'est qu'en

1244, et peut-être quelques années plus tard qu'ils y arrivèrent. Il est vrai que dans l'acte de cession de terrain portant la date de 1230, dont voici les termes : « peciam terræ... concessimus « ad construendam capellam in eadem, et lo- « cum præsbiterii secularis. » (Dubois, hist. eccl. Paris, tome II, p. 327.) le nom de la chapelle n'est pas indiqué ; mais cet acte portait quand l'abbé Le Bœuf en prit connaissance, une étiquette ainsi conçue : « litteræ concessionis cu- « jusdam peciæ terræ, super fundatione Capel- « laniæ Sancti Bernardi in Cardoneto. » Ce nom de saint Bernard, placé au dos de l'acte par quelque copiste ignorant, a paru au savant abbé Le Bœuf, une preuve décisive, que les lettres de l'abbé de Saint-Victor se rapportaient non à l'église de Saint-Nicolas du Chardonnet, mais à une chapelle de Saint-Bernard. Il est vrai qu'avant d'émettre cette opinion le judicieux écrivain a soin de poser en principe, que lorsqu'un titre laisse du doute, c'est prudemment fait de consulter ce qui est au dos, quand l'écriture est du même temps.

Cette assertion est sujette à contestation, et je pense qu'on ne peut employer comme preuve un titre écrit sur le revers d'une Charte, que lorsqu'on voit à ne pas en douter que ce titre et le corps de l'acte, sont de la même main, et écrit en même temps. Encore ne faudrait-il user d'un renseignement de cette nature, qu'avec beaucoup de réserve, surtout si l'on n'avait pas pour l'appuyer, des preuves d'un autre ordre, plus fortes et plus concluantes.

Dans l'acte qui nous occupe, il est évident qu'il n'est pas question de la chapelle des Bernardins; il suffirait pour le prouver, du projet qu'on avait de construire auprès de la chapelle une habitation pour un prêtre séculier. Nous avons vu ailleurs que lorsque le collège des Bernardins a été fondé, l'église de Saint-Nicolas du Chardonnet était déjà depuis quelque temps érigée en paroisse.

On ignore à la vérité l'époque précise de cette érection, mais un acte de l'an 1213 nous fournit la preuve qu'à cette époque, Saint-Nicolas du Chardonnet avait le titre de paroisse.

Voici la substance de cet acte, grand cartulaire. Duboulai. Dubois déjà cité.

L'abbé de Saint-Victor a cédé à Guillaume d'Auvergne toujours évêque de Paris, et au prêtre (1) de St-Nicolas, le cens et tous les droits qu'il avait sur une pièce de terre, près du petit pont de la Bièvre *pour y construire l'église de St-Nicolas*. Ces derniers mots ne peuvent se rap-

---

(1) Je crois bon de faire remarquer ici, qu'à l'époque de la fondation de St-Nicolas du Chardonnet les mots latins capellanus, præsbyter, sacerdos, signifiaient curé. Ce n'est qu'au xive siècle que l'on commença à désigner cette fonction par le mot curatus, Géraut. Paris sous Philippe le Bel. Page 423.

porter qu'à un agrandissement de l'église de Saint-Nicolas, et l'on ne doit pas les entendre de sa première fondation, car l'existence d'un prêtre ou curé de Saint-Nicolas, en 1243, implique de toute nécessité l'existence à la même époque, de l'église et même de l'église paroissiale.

Dans le même acte, l'évêque de Paris, du consentement et de la volonté du prêtre de Saint-Nicolas, cède et abandonne aux religieux de St-Victor, tout ce qu'il tenait en leur censive, audit lieu du Chardonnet, excepté le cimetière bénit, qu'il a fait limiter et circonscrire par de certaines bornes.

Enfin il est convenu que le prêtre de St-Nicolas, quel qu'il soit ne pourra exercer les droits curiaux, *jus parochiale*, sur aucun individu, appartenant à la maison de St-Victor ou ayant sa demeure dans l'abbaye ; mais si quelqu'un de Saint-Victor a sa femme et ses enfants dans la paroisse de Saint-Nicolas, le prêtre exercera ses droits curiaux sur cette famille, comme sur ses autres paroissiens.

Il est donc certain qu'en 1243, il y avait déjà une église paroissiale de St-Nicolas, un prêtre, ou curé, un cimetière et des paroissiens de St-Nicolas, d'où il ressort que Guillaume n'a pu avoir la pensée de bâtir une église pour les Bernardins, qui n'étaient pas encore établis au Chardonnet, puisque c'est seulement en 1244 et même peut-être quelques années plus tard que Lexington a fondé le collège ; d'autre part il n'est pas probable que si en 1230, le vocable de la première chapelle eût été St-Bernard, on l'eût changé treize ans plus tard pour celui de Saint-Nicolas. Si donc, dans l'acte de 1243, on fait mention du vocable de St-Nicolas, c'est moins pour innover, que pour confirmer ce qui existait déjà auparavant. Cette question a été parfaitement élucidée par Jaillot dans son histoire de Paris. On peut dire encore que Guillaume, évêque de Paris n'avait aucun motif de bâtir une chapelle pour des religieux réguliers... et d'autre part, Lexington, grand seigneur, fils de grand seigneur, frère de grands seigneurs, riche de biens de famille dont il avait conservé l'usage quoique religieux, qui avait fondé le collège des Bernardins de ses propres deniers, qui l'entretenait de même « scholam parisiensem initiavit, et initiatam sustentaverat. Math. Paris, anno 1254. » Avait-il besoin de cette générosité de Guillaume d'Auvergne ? non, certes. L'aurait-il acceptée ? ce n'est pas probable, c'eût été mêler le séculier et le régulier, ce que l'on évitait avec soin d'ordinaire.

Mais supposé que Lexington, par déférence, et en homme bien élevé, eût accepté cette gracieuseté de l'évêque de Paris, il n'eût pas manqué, en retour, de faire insérer au ménologe de

St-Bernard, le nom de Guillaume de Paris, qui était d'ailleurs un saint, comme celui d'un bienfaiteur insigne. Or, il ne s'y trouve pas, d'où l'on peut conclure que Guillaume a fait bâtir pour la paroisse, et non pour le collège des Bernardins.

A l'occasion de la fondation de cette chapelle, par Lexington et de l'établissement du cimetière, il fallut songer à sauvegarder les droits du curé de Saint-Nicolas du Chardonnet ; pour l'indemniser de l'atteinte portée à ses prérogatives curiales, il fut décidé qu'on lui accorderait une somme de 200 livres, d'après une sentence rendue au mois d'avril 1250, et confirmée au mois d'août 1260. (Felibien, tome premier, preuves, p. 311.)

On ne saurait trop admirer, avec quel soin jaloux, les autorités ecclésiastiques, s'appliquent à sauvegarder les droits des paroisses et des curés, lors de l'établissement de ces chapelles et cimetières particuliers, afin d'écarter dans l'avenir toute question d'intérêt, toujours si préjudiciable à l'harmonie, et à la bonne édification des fidèles.

On sait que le personnel religieux et laïque de l'abbaye de St-Victor, était en dehors de toute juridiction paroissiale. Le curé de Saint-Nicolas du Chardonnet ne pouvait exercer de droits paroissiaux, que sur ceux de l'abbaye qui venaient s'établir dans la paroisse, par mariage ou pour le commerce. Ces conventions avaient été arrêtées lors de la fondation de l'église de Saint-Nicolas en 1230, et en 1243 ; et pour dédommager l'abbaye, du terrain qu'elle avait gratuitement accordé dans sa censive, à Guillaume, évêque de Paris, fondateur de Saint-Nicolas du Chardonnet (1).

Autre exemple. En l'année 1248, le pape Innocent IV, sur la demande de Gauthier de Château-Thierry, proviseur du collège des Bons-Enfants, et depuis évêque de Paris, autorisa dans le susdit collège, l'érection d'une chapelle. L'évêque de Paris, Renault de Corbeil y consentit, mais à la condition expresse, que les droits du curé de Saint-Nicolas du Chardonnet seraient respectés, c'est-à-dire que toutes les offrandes qui se feraient dans la chapelle, soit par les gens de la maison, soit par ceux du dehors, et quelle qu'en fût la nature, seraient intégralement restituées au curé de la paroisse. (Duboulay, tome III, p. 217.)

Il est également stipulé qu'il n'y aura ni cimetière dans le Collège, ni aspersion de l'eau bénite le dimanche dans la chapelle, ni pain

---

(1) Grand cartulaire, p. 292. — Dubois, Historia Ec. Paris. tome II, p. 328. — Lemaire, Paris ancien et moderne, tome II. p. 191. Malingre, Corrozet, Dubreuil, Sauval ont cité la charte qui mentionne ce fait.

bénit ; on ne célèbrera ni anniversaires, ni annuels.

Les sacrements de l'Eglise ne seront administrés à personne, soit de la maison, soit du dehors, sans l'autorisation expresse du curé de Saint-Nicolas. On ne fera pas de relevailles, et il n'y aura pas de cloches dans la chapelle, que l'on puisse entendre du dehors.

L'évêque exige en outre, que les prêtres qui seront investis des fonctions d'aumôniers ou de chapelains de la dite maison, prêtent serment entre les mains du curé de Saint-Nicolas, d'observer avec exactitude, toutes les conditions mises par lui pour l'érection de la Chapelle. (Grand cartulaire, page 251, édition. Guérard, numéro 343 (1).

Pour éviter toute espèce de contestation avec le collège du Cardinal-Lemoine, comme on y avait conservé le cimetière, établi antérieurement par les hermites de Saint-Augustin, le pape Clément V en 1308, autorisa le chapelain du

---

(1) Le cartulaire de N. D. se compose de six cartulaires principaux dont les noms suivent : 1º le cartulaire de l'évêque, petit in-quarto sur vélin, Bibliothèque Nationale, nº 5526. — 2º le petit pastoral, petit in-quarto, archives nationales. — 3º le grand pastoral, in-folio, vélin, arch. nationales. — 4º le grand cartulaire, in-folio, archives nationales. — 5º le petit cartulaire, in-folio, archives nationales. — 6º Le livre noir, petit in-folio, archives nationales. M. Guérard en a donné une édition dans laquelle il a ajouté en appendice, 4 autres livres.

collège, à prendre le titre de curé. Il en exerça dans la suite tous les droits sur les gens de la maison, et sur ceux du dehors qu'on y apportait pour être inhumés. Ce fut Guillaume Bausset ancien médecin du roi, et devenu évêque de Paris, qui érigea cette chapelle en église paroissiale sous le vocable de Saint-Rémi ou Frémy. (Sauval, tome 114 p. 352.) Ce vocable fut changé vers l'an 1754, pour celui de Saint-Jean l'évangéliste. (Archives § 3663. L'abbé le Bœuf, tome 3.)

La somme de 200 livres de rente, allouée par les Bernardins, au curé de Saint-Nicolas, pour l'atteinte portée à ses droits curiaux, paraîtra certes exagérée : mais je me hâte d'ajouter, que d'autres auteurs disent 52 livres au lieu de 200 ; certains autres descendent même jusqu'à 5, ce qui paraît plus raisonnable.

L'abbé Etienne Lexington voyait à peine son collège organisé, et donner déjà d'heureux fruits quand il fut déposé. On lui reprochait d'avoir extorqué à Rome, le privilège de rester en sa charge tant qu'il vivrait. Ce qui, dit Mathieu Paris, fut considéré comme une violation des statuts. D'autres prétendent que le chapitre général de Cîteaux aurait été mécontent d'être forcé d'approuver la fondation après l'autorisation du Pape (1). Ce n'étaient là que vains prétex-

---

(1) Histoire de l'abbaye d'Igny, par Pechenard p. 311.

tes ; la vraie raison, c'est que la jalousie exerça dans cette circonstance un rôle funeste (1) Léxington, docteur de l'université de Paris, était un homme supérieur et singulièrement cultivé.

Tous ses contemporains ont unanimement rendu le plus éclatant hommage à sa science profonde et à sa vertu ; mais son mérite excita l'envie de ses ennemis qui résolurent de le perdre.

Oui la passion a joué un rôle important, dans la disgrâce de Lexington ; Mathieu Paris l'affirme, et après lui les auteurs de Gallia Christ, IV, 806, ainsi que le ménologe (3) de Cîteaux. 18 septembre, où se trouve exprimée la même opinion.

Mais ce qui l'explique mieux que toute autre considération, c'est que Lexington était un novateur hardi, que la sainte ignorance de ses

(1) Malitiose et per invidiam machinatum est in ipsum, eo quod scolam parisiensem quæ Chardenay dicitur, initiavit et initiatam sustentaverat, et præpollens omnibus virtute et scientiæ eminentia. Math. P. anno 1254.

(2) Tel est le sentiment du docte, sage et judicieux Du boulai, en son histoire de l'université de Paris. Historia Universitatis. Paris... tome 3. C'est l'opinion générale des historiens ; un seul, M. Darbois de Jubainville émet timidement une opinion contraire, voici ses paroles : « Il nous semble que cette haine et cette jalousie auraient tardé bien longtemps d'éclater. » Il y avait en effet onze ans que Lexington avait fondé les Bernardins. Abb. Cist. p.69.

(3) Ménologe ou ménologue, sorte de martyrologe ; contenant un abrégé de la vie des saints de l'ordre, et qui est divisé par mois, d'où lui vient son nom : μεν mois; λογος, discours.

frères avait souvent attristé ; c'était un réformateur audacieux, qui brûlait de voir tous les religieux de son ordre semblables à lui ! Or, personne n'ignore combien il est difficile de toucher aux abus, et ce qu'ont toujours rencontré d'oppositions, et soulevé de colères et de haines, les hommes vertueux qui ont tenté de les réformer. L'Espagne vient d'en fournir à la chrétienté, un exemple désolant.

Lexington supporta cette disgrâce imméritée avec courage et dignité (1), et se retira dans l'abbaye d'Orcamp, près de Noyon, où il mourut en simple religieux, en l'an 1264, après avoir été nommé évêque en Angleterre, par le pape Innocent IV, qui dans cette circonstance, comme en plusieurs autres, prit toujours la défense de l'opprimé. Attitude d'ailleurs constante chez les Papes, et un de leurs plus beaux titre de gloire. En effet, on les a toujours vu prendre la défense du faible et de l'opprimé, contre le fort et l'oppresseur. Ce Pape avait la plus haute estime pour Lexington, qu'il appelle son cher fils. « Dilectus filius, nobilis vir johannes de Lexinton, dominus de Eston. » Bulle en faveur des Bernardins de l'année 1252. (Fébilien, tome I p. 160.)

Il voulut même le rétablir dans sa charge

---

(1) Ipse patienter ad instar Joseph, fratrum suorum morsus sustinuit, et invidiam ; consuevit enim livor eminentes impetere. Math. Paris. ad annum 1254.

quand il connut la vérité « voluit ipsum absolutum in pristinum statum restituere ; » par amour de la paix et pour sauvegarder l'autorité de son ordre, Lexington s'y opposa et accepta sa déposition, « ne lederetur ordinis sui auctoritas, restitui recuravit, asserens se magis esse deoneratum. » Conduite admirable qui dénote un grand esprit, et une âme éminente ; aussi Lexington ne parut jamais plus grand que dans sa disgrâce. Et sic de magno merito majus effectus est. »

On peut certainement trouver dans cette conduite magnanime, le motif pour lequel son ordre, après l'avoir frappé, le considéra comme un saint, car son nom a été inscrit dans le ménologe de Cîteaux, à la date du 18 septembre.

Il paraît certain, que quand Mathieu Paris vante la discipline et le bon esprit des étudiants Bernardins, il n'exagérait rien, puisque quelques années seulement après la mort de Lexinton, ils sont capables de vaquer aux offices les plus relevés du ministère pastoral. Le pape Grégoire X, en effet leur permet en l'année 1270 de prêcher dans les églises à Paris. Voici les paroles qu'il leur adresse à ce sujet : « Ne studium vestrum inutile, si non proveniret exinde fructus aliquis videntur vobis, ad instar felicis recordationis Innocentii papæ IV predecessoris nostri, presentium auctoritate concedimus ut prædicando publice, si fueritis requisiti, et legendo ordinarie in theologia cum licentiati fueritis (1). (Félibien, tome I, preuves p. 161).

Cession du collège des Bernardins

à l'ordre de Cîteaux

Les choses demeurèrent en cet état jusqu'au 14 novembre 1320. A ce moment, Mathieu, abbé de Clairvaux, et ses frères, pour se libérer des dettes, que l'abbaye avait contractées, vendirent au Chapitre général, et à tout l'ordre de Cîteaux en commun, la maison de Saint-Bernard à Paris avec tout son pourpris, édifices, biens, meubles, sacristie, ornements, terres, vignes, et cinquante livres parisis de rentes, dont trente sur le village de Furnes, et vingt sur la prévôté de la Rochelle, qui avaient été données au collège, par Alphonse comte de Poitiers et

---

(1) A la fin du XIIIe siècle, on appréciait déjà les services qu'ils rendaient, c'est pourquoi ils reçurent des lettres d'amortissement du roi Philippe le Bel 1294. Voici les paroles qui terminent la lettre.

« Nos finantiam hujus modi ratam et gratam habentes,
« volumus et presentium tenore concedimus, quod dicti
« abbas et conventus, et fratres et successores eorum, præ-
« mia omnia habeant, et possideant in futurum pacifice et
« *quiete* absque coactione vendendi, ve lextra manum suam
« ponendi, salvo in aliis jure nostro, et in omnibus alie-
« no. » Tiré des archives nationales, papiers du collège de saint Bernard.

de Toulouse, pour une messe par lui fondée en cette maison.

Dès le mois de Février suivant, le roi Philippe le Long confirma ce transport, en se réservant le droit de patronage, et tous les autres droits, que le comte Alphonse avait sur cette maison. Voici la première partie de la lettre patente du roi Philippe le Long, portant confirmation de la vente du collège Saint-Bernard à l'ordre de Cîteaux.

Philippe Dei gratia etc. Notum facimus universis et futuris, nos infra scriptas vidisse
« litteras in hæc verba : Universis presentes
« litteras inspecturis frater Matheus Dominus
« abbas Clarevallis Cisterciencis ordinis, Lingo-
« nensis diœcesis, totusque ejusdem loci conven-
« tus, salutem in Domino. Notum facimus quod
« nos in pleno nostro capitulo congregati, pro-
« positis in medio statu gravi nostri monasterii
« prædicti, plurimorumque debitorum onere,
« quibus apud creditores plurimos, nec non reddi-
« tuum perpetuorum, quibus apud nonnullas per-
« sonas et etiam generale capitulum ordinis nostri
« dispensiose opprimebatur, ad reformationem
« status ipsius et oneris prædicti revelationem
« plenis desideriis anhelantes, monasterii nos-
« tri evidenti utilitate, ac studii quod in domo
« nostra sancti Bernardi in Cardineto Pari-
« siensi hactenus viguit promotione pensata,

« diligentibus tractatu et deliberatione præ-
« habitis, Domum ipsam cum toto pourprisio
« et omnibus ædificiis ejusdem bonisque mo-
« bilibus, sacristiam et ornatum ecclesiæ, alias-
« que officinas communes domus ejusdem, per-
« tinentibus in eadem existentibus, omnesque
« terras, vineas dictæ domus contiguas, nec-
« non trigenta libras Paris.. annui redditus,
« quas in villa de Furnis et vigenti libras Pa-
« ris... nobis dudum pro recolendæ memoriæ
« Dominum Alphonsum quondam Pictavensium
« et Tholosanorum comitem erogatas, quas su-
« per redditus etc. Cette lettre rapportée par
Félibien (tome 1) a été copiée sur un manus-
crit communiqué par le procureur du collège.
L'original a été longtemps conservé à l'abbaye
de Cîteaux. On en voit une copie sur parchemin aux archives, dans les papiers du collège
Saint-Bernard.

Pour solder cette acquisition, l'ordre de Cîteaux paya à l'abbaye de Clairvaux la somme de
1.300 livres, s'engagea à y entretenir un personnel suffisant, et de plus, se chargea d'acquitter la messe du comte Alphonse, frère du roi.
Dans le chapitre général, tenu la même année
1321, il fut ordonné que tous les ans, le chapitre
général réglerait les détails de la visite qui se
ferait au collège St-Bernard, et nommerait à cet
effet, la première année, un abbé de la filiation

de Cîteaux, la seconde, un de celle de La Ferté, la troisième, un de celle de Pontigny, la quatrième, un de celle de Clairvaux, la cinquième, un de celle de Morimont, et ainsi de suite a perpétuité. Cette ordonnance fut modifiée dans la suite.

A cette époque, la qualité de prieur fut changée en celle de proviseur ; il devait occuper la première place au chœur, à droite, immédiatement après l'abbé.

Au xive siècle, Paris étant déjà considéré comme la source des bonnes études, il fut permis d'y envoyer des religieux de toutes les provinces, et jusqu'à deux de chaque abbaye ; ce qui fut réduit dans la suite pour les provinces de Lyon, de Besançon, de France, de Picardie, de Brabant, de Flandre, d'Allemagne et de Normandie, à un religieux de chaque maison où il y en avait trente, et deux de celles où il y en avait quarante, et les étudiants ne devaient jamais arriver à Paris sans être munis de leur Bourse, taxée alors à 10 livres tournois. (Félibien, tome 1er, preuves, page 165).

Le pape Benoît XII, deuxième fondateur de la maison, amplifia ces règlements par sa bulle de l'an 1335, et permit à tous les abbés de l'ordre d'envoyer étudier à Paris, ceux de leurs élèves qu'ils jugeront assez dociles et ouverts d'esprit, pour profiter de leurs études. Il régla également que si, parmi les étudiants de Paris, il s'en trouvait de capables d'aspirer au grade de docteur, et même de bachelier en théologie, leurs supérieurs devraient leur permettre de continuer leurs études, jusqu'à ce qu'ils aient acquis ces grades.

Les études se bornaient alors chez les Bernardins, à l'étude de la théologie ; pour ce qui est du droit canon, Benoît XII en avait défendu l'étude en ce collège, sous les peines les plus rigoureuses ; plus sévère en cela que le Cardinal Lemoine, qui en permettait l'étude au moins pendant le temps des vacances. Ces deux grands hommes considéraient l'un et l'autre cette étude, comme la science de l'orgueil et de la chicane.

On étudiait beaucoup chez les Bernardins. Voici ce que je lis dans un vieux règlement du XVIe siècle, intitulé : « Brief estat du gouvernement du collège des Bernardins, » travail qui se trouve à la bibliothèque Mazarine, dans un recueil de pièces, sous le numéro 18418. s. n. d. l. n. d. in-4 :

« A 6 h. du matin, leçon de philosophie jusqu'à 7 h. 1/2 ; de 7 h. 1/2, leçon de théologie jusqu'à 9 h. ; étude jusqu'a 11 h. »

« A 11 heures, déjeuner et récréation ;

« A midi, leçon de philosophie jusqu'à 1 h. 1/2 ;

« A 1 h. 1/2, leçon de théologie jusqu'à 3 h. ;

« A 3 h., argumentation dans la salle d'étude

sur diverses thèses, et toujours dans la langue latine ;

« A 6 h., dîner et à 6 h. 1/2, conférence jusqu'à 7 heures ;

« A 8 h., dortoir où chacun peut étudier jusqu'à 9 h. 1/2 au plus tard. »

Au milieu de toutes ces heures d'étude, il fallait encore trouver le temps nécessaire pour les exercices de religion qui étaient multipliés.

Si les heures d'études étaient multipliées, le temps consacré aux travaux manuels ne l'était pas moins dans les maisons de l'observance de Clairvaux. Voici en particulier un passage qui peut nous donner une idée de ce qui se passait à Clairvaux même, en nous faisant connaître les noms, et le nombre des métiers manuels qu'on y exerçait :

« Plombiers qui perpétuellement besoignent tant pour l'église, dormitoire, chapelle de Flandre, que sont couverts de plomb, que pour les fontaines.

« Item. Y a des cousturiers, convers et séculiers.

« Tanneurs convers et séculiers, selliers, bourreliers.

« Quoquetz, qui va quérir les œufs.

« Faiseurs de boteilles, jardiniers, couvreurs, couroyeurs de cuyr, magniens, boullangiers, paticiers, tonneliers, menuisiers, massons, le maistre masson est convers, maistre des œuvres, taverniers, charpentiers, convers et séculiers. Mareschaux, sarruriers, convers et séculiers. Cordiers, vignerons, vachiers, et y a bien mil bestes à cornes, bergiers et y a bien 18 à 20 mille blanches bêtes, chartons, manœuvres, convers et séculiers. Lavandiers à faire la buée, marchands de porcs. » (Annal. archéologiques, tome 3, page 231).

Les règlements paraissent avoir été assez sévères au xve siècle chez les Bernardins. En voici quelques articles :

« Les élèves sont tenus de payer leur bourse, dans un mois après la Saint-Rémi.

« Ceux qui auront laissé passer la Toussaint sans la payer, seront déclarés excommuniés et renvoyés.

L'on défend sous les plus grandes peines les insolences, les dissolutions, les fêtes de nation, accompagnées de repas, de jeux, de mascarades et autres divertissements, et ceux qui se trouveront en faute à ce sujet, seront chassés. Il est défendu, sous peine d'excommunication encourue de fait, d'étudier, ou de professer le droit du canon, et pareille sentence est décernée, contre l'abbé, qui en aurait donné la permission à son subordonné (1).

---

(1) Inhibitur sub pœna excommunicationis latæ sententiæ, ne quisquam abbas, vel monachus audiat vel legat jura canonica. Félibien, tom. 3 page 168.

« Il est défendu à tout écolier, d'avoir aucun valet ou écrivain, à moins qu'il ne soit payé par lui.

« Les particuliers ne recevront personne au collège pour les faire jouir du droit de franchise (1). Le proviseur seul, aura droit de recevoir ces sortes de gens, et personne ne devra communiquer avec eux. »

À ces règlements primitifs, l'abbé Jean de Dijon supérieur général de Cîteaux, fit succéder un statut général, en 1495, dont voici les principaux articles.

« Tout le monde assistera aux Matines, à la messe, aux Vêpres, et à Complies.

« Les Matines seront sonnées en hiver, à quatre heures du matin, et en été à trois heures.

« Personne n'est dispensé d'assister au Salve Regina, qui se chante le soir.

« On doit se retirer au dortoir à l'heure où l'on sonne le couvre-feu à Notre-Dame.

« Personne n'aura de chambre particulière, hormis ceux qui l'auront mérité par leur conduite.

« Il est défendu d'entrer dans la chambre les uns des autres pour conférer, et si cela est nécessaire, la porte restera grande ouverte.

---

(1) C'était là une question d'honnêteté, on a vu en effet que le roi Philippe le Bel, en 1294, eu égard aux services qu'ils rendaient, leur avait accordé des lettres d'amortissement, mais il était de stricte justice, qu'ils fussent seuls à en profiter.

« Il est défendu aux particuliers de faire venir aucuns vivres de la ville. »

« Le vivre est tel : Tous se trouvent à 11 heu-
« res du matin, et à 6 heures du soir en la salle
« commune de ce réfectoire. Un serviteur nom-
« mé Claviger, leur donne le pain, et une chopi-
« ne de vin, à chaque repas.

« Un autre serviteur cuisinier, leur donne
« les jours de chair à chacun, et à chaque re-
« pas, une demi-livre de bœuf bouilli, et les
« jours maigres deux œufs en coques, ou deux
« harengs rôtis, si c'est en Avent, septuagési-
« me ou carême.

« Un troisième serviteur les sert à table, et
« leur administre l'eau, et autres choses néces-
« saires, lequel est aussi obligé d'aller 2 fois le
« jour, porter les lettres, et faire autres messa-
« ges à lui recommandés. Et encore que cette
« façon de nourriture semble un peu rude, si
« est-ce qu'aucun ne s'en plaint, et grâce à
« Dieu, leur est très salutaire, puisqu'il n'y a
« dans le collège, point ou fort peu souvent de
« malades ; outre qu'elle est utile à plusieurs,
« desquels les incommodités sont fort petites,
« et cependant peuvent vivre de cette façon fort
« frugale, pour laquelle ils ne paient plus de 6 ou
« 7 livres par mois. »

« Il est ordonné de parler toujours latin, et si quelqu'un y manque, il paiera sur-le-champ une

pinte de vin, qui sera distribuée à la compagnie :
« verbis latinis et non aliis sub pœna solutionis
« unius pintæ vini, qualibet vice assistentibus
« illico distribuendæ, loquantur !!. »

Il est défendu de se livrer à des divertissements profanes, aux fêtes des Rois, de Saint-Nicolas, de Saint-Firmin, etc (1).

En l'année 1523, le règlement de Jean de Dijon, dont je viens de citer quelques articles, fut légèrement modifié. On voit apparaître dans le collège, un fonctionnaire laïque, chargé de faire les provisions, et qui devait remplacer dans cet office le procureur.

Comme les mœurs s'étaient relâchées, il est défendu sous peine d'expulsion immédiate, d'introduire aucune femme dans la maison ; et pour éviter ces inconvénients, il fut réglé qu'il y aurait un portier gagé à la porte, chargé de tenir la main à cette prescription.

Ces règlements furent encore modifiés en 1556, et en 1604.

Je terminerai cette énumération fastidieuse, en citant les cas dont l'abbé Guillaume en 1523 avait cru devoir se réserver l'absolution : les

---

(1) A l'occasion de ces fêtes, et surtout de la fête de saint-Nicolas, patron des écoliers, il survenait presque toujours, au moyen-âge, des désordres, parmi la jeunesse turbulente des écoles, c'est pour les éviter chez les Bernardins que cette prescription fut édictée. (Sauval).

voici : « Si quis in villa, sine licentia, carnes comederit. »

« Si quis in dormitorio, carnes manducaverit, aut vinum biberit.

« Si quis sine licentia, contra prædecessorum nostrorum, aut statutorum nostrorum tenorem, collegium exiverit.

« Si quis extra collegium, ad palma luserit.

« Si quis ira, vel odio, alumnum graviter percusserit, mutilaverit, aut sanguinem effuderit.

« Si quis extra licentia, extra collegium pernoctaverit.

« Si quis domum inhonestam, et suspectam scienter intraverit.

« Si quis ad taxillos, chartas, aut alios ludos, a jure et ordine prohibitos luserit, aut ludentibus astiterit.

« Si quis in eodem lecto, et in eadem camera, in dormitorio, et cum alio jacuerit.

« Si quis relicto, aut occultato habitu regulari, induerit se habitu sœculari.

« Au moyen âge, l'établissement des Bernardins tenait une grande place dans l'université ; aussi était-ce dans cette maison qu'elle tenait très souvent ses congrégations. Dans les actes des XIV et XVe siècles, on lit fréquemment à la fin. « Datum Parisiis in congregatione générali, apud Sanctum Bernardum die (verbi gratia) 2 mensis aprilis. »

Bibliothèque.

Primitivement la bibliothèque du collège ne se composait guère que de 150 volumes in-8 d'auteurs ascétiques et moraux, 200 volumes in-folio de théologie, et de 7 manuscrits. Mais elle fut considérablement augmentée, par le leg important que lui fit Guillaume Curti, ou le cardinal Blanc, de sa bibliothèque qui était fort belle, et fort nombreuse.

Lemaire, tome III page 49.

Un des hommes les plus savants du XVIIe siècle, Paul Pezron, religieux de l'ordre de Cîteaux, docteur en théologie de la faculté de Paris, abbé de la Charmoie, a professé longtemps la théologie aux Bernardins.

Il mourut au château de Chezi en Brie en 1706, où il s'était rendu pour rétablir sa santé.

Il a publié plusieurs ouvrages ; entre autres le livre intitulé : *L'antiquité des temps justifiée et rétablie*, ouvrage d'une haute portée, et qui le mit aux prises avec le père Martianay bénédictin de St-Maur, et le père le Quien de l'ordre de St-Dominique.

Il avait fait également paraître un livre sur l'origine de la nation celtique. (Piganiol, tome 5). On a vu dans les bâtiments secondaires, des logements affectés à l'ordre de Clairvaux et de Cîteaux, pour expliquer cette particularité, on saura que quand le général de Clairvaux et de Cîteaux venaient à Paris, ils descendaient aux Bernardins, je crois pouvoir expliquer de la même manière, l'existence du logis de Buzay affecté aux religieux de cette abbaye. A la Révolution Française, le collège des Bernardins, subit le sort de tous les établissements religieux, il fut confisqué.

Le 28 Février 1790, Jacques François Pennelet, docteur régent de la faculté de théologie de Paris, supérieur et proviseur du collège Saint-Bernard à Paris, forcé par la municipalité de faire connaître l'état de sa maison, déclara qu'elle se composait de six religieux, deux docteurs régents, un procureur, un sous-prieur et un sacristain. Il déclara en outre que les revenus de la maison étaient de 25.301 livres ; et la dépense de 14.151 liv. Le Bœuf, édition Cocheris.

Cet établissement fut vendu en partie le 22 Juillet 1797, une portion considérable resta la propriété de l'Etat jusqu'en l'an XII. Quelques années auparavant 1792, le cloître des Bernardins était le dépôt, où l'on avait relégué les forçats condamnés aux galères. On sait que du temps de M. Vincent (1), on les avait enfermés dans le château de la Tournelle, situé au bord de

---

(1) **Saint Vincent de Paul.**

la Seine, à l'extrémité des murailles de Philippe-Auguste, en face la pointe de l'île Saint-Louis actuelle. Le curé de Saint-Nicolas, M. Froger fut chargé dans la suite, d'organiser le service de l'aumônerie, par Mgr de Gondy, qui lui adressa à ce sujet, une lettre fort curieuse qui a été conservée.

Au moment de la Révolution, ils étaient enfermés aux Bernardins, et le 3 septembre 1792, ils furent tous massacrés par les Sans-Culottes du quartier, qui les prirent pour des religieux déguisés. Cette exécution épouvantable avait lieu en même temps qu'à deux pas plus loin, au séminaire St-Firmin, anciennement le collège des Bons-Enfants (1), s'effectuait le massacre horrible de tous les prêtres du quartier, qu'on y avait enfermés, et où périt M. Gros, curé de Saint-Nicolas du Chardonnet, et député à l'Assemblée Nationale. Cet homme vénérable fut jeté par la croisée dans la rue Saint-Victor. La populace du quartier lui trancha la tête, qui fut portée au bout d'une pique dans les rues de la

---

(1) Le collège des Bons-Enfants, fondé en 1260 par le roi saint Louis, ne fut jamais très florissant. La plus grande partie de ses bâtiments sont encore debout rue St-Victor et du Cardinal-Lemoine. En 1625, saint Vincent de Paul en prit possession, le transforma en séminaire et lui donna le nom de Saint-Firmin. C'est là qu'il jeta les fondements de la congrégation de la mission. On pense que c'est également dans le voisinage, qu'habitait Louise de Marillac, veuve Legras, qui devint sous sa direction, la première mère des Filles de la Charité.

ville. A ce moment on ouvrit son testament, et cette multitude altérée de sang, apprit avec stupeur qu'il léguait tout son bien aux pauvres de la paroisse (1) !

Dans la suite, il fut affecté successivement à divers services ; on en fit un magasin à farine ; on y installa un dépôt d'huile pour l'éclairage de la ville ; on en fit une école communale sous la direction des frères des écoles chrétiennes. Pendant quelque temps les archives de la ville de Paris furent déposées dans le dortoir, et plût à Dieu qu'elles y fussent restées ; peut-être n'aurait-on point à en déplorer la perte, car on sait qu'elles furent brûlées en 1871, avec l'Hôtel-de-Ville, ce qui a été en particulier, une perte irréparable, pour l'histoire religieuse de Paris, attendu que tous les registres des paroisses d'avant la Révolution, où était consigné l'état civil et religieux des Parisiens, pendant plusieurs siècles, s'y trouvaient renfermés ; ils ont disparu dans les flammes.

Présentement, les Bernardins sont occupés par une compagnie des pompiers de la ville de Paris.

---

(1) On raconte que M. Gros, reconaissant parmi ceux qui allaient lui porter le premier coup, un nommé Gossaume, savetier, qu'il secourait d'ordinaire ; il lui dit avec douceur : « Mon ami, j'ai toujours eu le plus grand plaisir à vous venir en aide, ainsi qu'à votre femme et à vos enfants, vous me nommiez votre père. » C'est vrai, dit-il, je vous dois beaucoup ; mais que voulez-vous, la nation me paie aujourd'hui pour vous tuer ! L'abbé Guillon.

TABLE DES MATIÈRES

                                        Pages

AVERTISSEMENT.

Description des ruines et de l'église. — Fondation de l'église par Benoit XII. — Inscriptions. — Histoire du fondateur. 1

Tombeaux. 15

L'escalier à vis double. 19

Œuvres d'arts : Tableaux 23

Sculptures, boiseries 28

Sacristie. Description 29

Collège proprement dit 32

Clôture du collège 34

Hôtel de Nesmond. 39

Propriétés entourant le collège. — Le cellier. . 53

Le réfectoire et le Chapitre. 57

Dortoir des religieux. — Rapport de M. de Montalembert 61

Fondation du collège. — Motif et but de la fondation. — Acquisition du terrain. — Indemnités au curé de Saint-Nicolas. — Déposition de Lexington.. 72

Vente du collège à l'ordre de Cîteaux. — Règlements divers 94

Bibliothèque. — Révolution française. — Présentement.. 105

FIN DE LA TABLE

Paris. — Imprimerie G. Téqui, 92 rue de Vaugirard, 92

ERRATA

pag. 17, *lig*. 4. — prafectus ; *lisez* præfectus.

pag. 24, *lig*. 17. — Innocent II. L'abbé de ; *lisez* Innocent II, l'abbé de.

pag. 32, *lig*. 3. — L'abbé le Beuf ; *lisez* l'abbé le Bœuf.

pag. 66, *lig*. 1. — projet à restauration ; *lisez* projet de restauration.

pag. 78, *lig*. 1. — le rue de Bièvre ; *lisez* le ru de Bièvre.

pag. 90, *lig*. 8. — Sauval, tome 114 ; *lisez* tome II.

pag. 95, *lig*. 24. — revelationem ; *lisez* relevationem.

pag. 100, *lig*. 25. — le droit du canon ; *lisez* le droit canon.

Cœtera benignus lector supplebit.

POUR PARAITRE PROCHAINEMENT

NOTICE HISTORIQUE ILLUSTRÉE

sur l'église

SAINT-NICOLAS DU CHARDONNET

Comprenant : 1° Les diverses transformations qu'a subi l'édifice depuis 1230 jusqu'à nos jours.

2° L'organisation de la paroisse.

3° Les œuvres d'art, sculptures et peintures.

Le tout accompagné de pièces justificatives, groupées pour la première fois, par ordre de matières et de dates, avec un plan du clos du Chardonnet au xv° siècle, extrait des papiers de l'abbaye de Saint-Victor, et indiquant les divers cours de la Bièvre, à travers le faubourg Saint-Victor, avec les moulins qu'elle y faisait tourner.

Un volume de près de 400 pages, in-12.

Paris. — Imp. G. TÉQUI, 92, rue de Vaugirard, 92.

www.ingramcontent.com/pod-product-compliance
Lightning Source LLC
Chambersburg PA
CBHW070514100426
42743CB00010B/1830